《蒙古山水地图》（局部）

本丛书由

国家社会科学基金项目重点项目

"'丝绸之路：长安—天山廊道'的价值特征研究"（17AZD020）、

中国建设科技集团创新基金项目"丝路遗迹"

联合资助

"十三五"国家重点图书主题出版规划项目

中国建筑工业出版社
学术著作出版基金项目

丝路遗迹·城镇篇

陈同滨　陈凌　主编

中国建筑工业出版社

审图号：GS(2021)499号

图书在版编目（CIP）数据

丝路遗迹．城镇篇/陈同滨，陈凌主编．—北京：中国建筑工业出版社，2021.3
ISBN 978-7-112-25671-6

Ⅰ.①丝… Ⅱ.①陈… ②陈… Ⅲ.①丝绸之路－古城遗址（考古）－介绍 Ⅳ.①K878

中国版本图书馆CIP数据核字（2020）第241409号

责任编辑：张幼平　费海玲　郑淮兵　毋婷娴
责任校对：赵　菲

城市在人类社会生活中无疑具有特别重要的意义。丝绸之路沿线古城，除了具有一般城市的基本作用外，还承担保障丝绸之路安全和通畅的功能。如汉长安城是西汉王朝政治、经济、文化中心，是丝绸之路的东方起点，与西方的罗马并为当时世界上最著名的大都会。

基于此，本书内容结合丝绸之路上城镇的地理空间分布与特征，介绍了散布在绵延几千公里的丝绸之路上的城市节点，由此而构建了相对完整的丝绸之路城镇带，为全面勾勒和认识丝绸之路的意义奠定了基础。

丝路遗迹·城镇篇

陈同滨　陈　凌　主编

*

中国建筑工业出版社出版、发行（北京海淀三里河路9号）
各地新华书店、建筑书店经销
北京方舟正佳图文设计有限公司制版
北京富诚彩色印刷有限公司印刷

*

开本：880毫米×1230毫米　1/16　印张：18　插页：1　字数：521千字
2021年3月第一版　2021年3月第一次印刷
定价：**298.00**元
ISBN 978-7-112-25671-6
（36744）

版权所有　翻印必究
如有印装质量问题，可寄本社图书出版中心退换
（邮政编码100037）

序一

陈同滨

丝绸之路是有关人类文明发展交流史的宏大叙事；将丝绸之路作为文化遗产研究，范围几乎涉及半个地球近 2000 年的文明史迹；将丝绸之路列入《世界遗产名录》、提交全世界予以保护，是当代国际遗产界的伟大心愿。

1988 年联合国教科文组织启动的"对话之路：丝绸之路整体性研究"项目以科研活动与媒体报道相结合的方式，组织了五次国际科考活动。此后在国际古迹遗址理事会（ICOMOS）的积极推进下，经由国际和国内诸多学术界、遗产界专家学者与各国政府多年来的共同努力，2007 年中国和中亚五国正式启动了"丝绸之路"申报世界遗产的工作，即"首批行动"，2009 年进一步明确为 2 个项目：一个由中国、哈萨克斯坦和吉尔吉斯斯坦 3 国联合申报"丝绸之路：长安 – 天山廊道的路网"（Silk Roads: the Routes Network of Chang'an-Tianshan Corridor）；另一个由乌兹别克斯坦、塔吉克斯坦和土库曼斯坦 3 国联合申报"丝绸之路：片吉肯特 – 撒马尔罕廊道"（Silk Roads: Penjikent-Samarkand-Poykent Corridor）。

2013 年 1 月，中哈吉三国向联合国教科文组织（UNESCO）的世界遗产委员会提交了跨国联合申报项目"丝绸之路：长安 – 天山廊道的路网"（以下简称"天山廊道"）的提名文件，声明："'丝绸之路：长安 – 天山廊道的路网'是具备突出普遍价值的一处跨国系列文化遗产，属文化线路类型；在东亚古老文明中心中国的'中原地区'和中亚区域性文明中心之一'七河地区'之间建立起直接的、长期的联系，在整条'丝绸之路'的交流交通体系中具有起始的地位，展现了世界古代亚欧大陆上人类文明与文化发展的若干重要历史阶段，是人类经由长距离交通进行广泛的文明与文化融合、交流和对话的杰出范例，为人类的共同繁荣和发展作出显著贡献。"

2014 年 6 月 22 日第 38 届世界遗产大会上，由中哈吉跨国联合申报项目天山廊道成为第一项成功列入《世界遗产名录》（编号 1442）的丝绸之路线路遗产。对此，ICOMOS 在项目《评估报告》结论的首段评述道："三个缔约国进行跨界申报是将丝绸之路列入世界遗产名录过程中的一个重要里程碑。这是 7 年多合作努力以及更多年调查研究所取得的成果。"

世界文化遗产申报的过程，往往是一个重新发现、揭示和提升遗产价值的研究过程，也是一个保护管理水平与运行能力整体提升的工作过程。因此在申遗成功之后，往往会看到一种更高的工作标准和更为久远的挑战，尤其是在遗产价值研究方面，因位于世界遗产之列而拥有了更为广阔而深远的视野。

为此，本书基于一种承前启后的目的，对丝绸之路的遗产研究开展两部分工作：一是对"天山廊道"申遗过程中文本团队的阶段性研究成果进行整理、发表，用于回顾与总结，包括整理摘录一批重要的国际文件和工作文件；二是沿袭"天山廊道"的中国实践之一——丝绸之路线路遗产"分类"理论，分别从城镇、交通、生产、宗教、墓葬5种遗产类型开展专题研究、丰富案例资料。这一工作可将中国的丝路遗产进行较为系统的梳理，为将来进一步置入世界文明史框架下的故事讲述奠定初步基础。

丛书的编撰还涉及下列考虑：

一、丝绸之路：文化线路的概念

在我国，有关丝绸之路的学术研究长期以来基本属于东西方交通交流史和西域研究的学术范畴。1992年ICOMOS出台《文化线路国际古迹遗址理事会宪章》(*The ICOMOS Charter on Cultural Routes*)，促进了丝绸之路作为文化线路遗产的探索，国际上有关丝绸之路的遗产理论应运而生，包括"主题研究报告"（2011）也进一步深化了"文化线路""系列遗产"等遗产理论。这些基于遗产保护立场而开展的有关人类文明史迹研究，开拓了一种更为讲求物质凭据与逻辑关联的、视野宏大的研究方式。据时任国际古迹遗址理事会副会长、丝绸之路申遗国际协调委员会联合主席郭旃先生回顾：2007年，ICOMOS专家受缔约国委托，起草编撰了《丝绸之路申报世界遗产概念性文件》（《概念文件》）和《主题研究报告》两份核心文件，协助缔约国和世界遗产委员会形成了世界遗产概念中对丝绸之路的时空和内涵、申报和管理模式的统一认识和路径。经缔约国完善同意，提交世界遗产委员会认可。其中《概念文件》由世界遗产顾问苏珊·丹尼尔女士(Mrs.Susan Danyer)受聘起草，资深专家亨利·克利尔博士（Dr. Henry Cleer）参与最终定稿；《主题研究报告》的主要编撰者为ICOMOS专家蒂姆·威廉姆斯（Tim Willianms）。此外，国际文件也专门提出了丝路遗产所特有的"一种特殊的'系列遗产的系列组合'（a special serial combination of serial heritages）模式，作为遗产理论的历史性创举，实现了超大型遗产线路——丝绸之路的首批申报行动的战略性突破，并为今后奠定了基础，设定了方向"。这些颇富创造性的文件对指导中国和中亚五国跨国联合申遗发挥了不可或缺的重要作用。

其中对丝绸之路作为文化遗产的定义概括如下：

"丝绸之路是东西方文明与文化的融合、交流和对话之路，是人类历史上交流内容最丰富、交通规模最大的洲际文化线路，在罗马、安息、大夏 – 贵霜、中国汉朝等大帝国在地中海沿岸到太平洋之间形成了一条不间断的文明地带，汇聚了古老的中国文明、印度文明、波斯 – 阿拉伯文明与希腊 – 罗马文明、中亚文明以及其后的诸多文明。"（《概念文件》）

与此同时，作为超大型文化线路遗产，丝绸之路是人类文明与文化交流融汇的伟大遗产，其遗产价值研究几乎涉及了大半部人类文明与文化发展史，包括了近2000年间发生的跨越洲际，特别是贯穿亚欧大陆东西两端诸多文明间的交流与互鉴活动，展现出这一长距离交通与交流活动对共同促进人类文明发展史的重大意义，对人类社会发展的精神信仰、商贸经济、政治势力、文化习俗与科学技术等诸多方面产生的广泛而深远的影响。这一研究的广度与综合程度都较一般的世界遗产要复杂得多，在遗产理论方面也存在诸多的挑战，特别是如何基于世界遗产的突出普遍价值（Outstanding Universal Value，简称OUV）评估标准，以一种"系列遗产"的策略，从沿用千余年，贯穿于亚欧大陆，延伸到非洲、美洲的一整套人类交通交流路网中，切分出遗产价值相对独立、时空边界相对完整的一个个路网片段（即廊道），作为丝路遗产予以保护管理，这一方式引发了一系列的新问题，包括遗产时空范畴的界定、组成要素的辨认、价值标准的确立、对比分析的范围等。由此可以看出，丝绸之路的遗产理论研究不同于学术研究的概念。

二、申遗成功后的思考

　　"天山廊道"申遗成功，给我们带来了三个明显的感受：一是"天山廊道"需要继续拓展，需要充分的物证支撑遗产的价值；二是丝绸之路申遗对文化线路遗产理论的实践需要总结，辨析不足及其成因；三是丝绸之路作为人类文明交流的伟大遗产，尚需要更广的视野、更多的研究投入，去探索和发现人类在文明交流过程中的种种智慧，为今天的文明交流带来精彩的启迪。鉴于此，有必要对"天山廊道"的文化线路理论实践与探索进行回顾、梳理和深化。

　　特别是回看《世界遗产名录》，发现"天山廊道"仍是迄今为止唯一的丝路遗产，可见丝绸之路的线路遗产研究还有许多问题要探讨。即便是"天山廊道"本身，也还有许多问题值得深化，诸如：

　　1."天山廊道"本身的完整性问题有待深化。内容涉及遗产构成要素的进一步扩展，包括：（1）补充生产类型与墓葬类型，加强交通遗迹的系统性；（2）拓展一批可对遗产价值作出进一步支撑的预备名单项目；（3）探讨西天山地区与"天山廊道"的关联程度等。

　　2."天山廊道"与周边其他廊道的关联问题有待深化。内容包括"天山廊道"与我国的沙漠南线、西南路线、草原路线的关联，这些路线在时空方面与"天山廊道"直接存在着不可分割的衔接甚至叠合关系，在价值特征上拥有极为密切的关联性，且分布范围必突破国境限定。

　　3.基于丝绸之路所强调的不同文明间相互理解、对话、交流和合作的遗产价值，还应该充分揭示中国与中亚、南亚、东亚、东欧、西欧、北非等跨区域文明与文化的交流活动，以及中国作为东亚文明中心对丝绸之路的贡献与影响。或者说，无论从陆上线路还是海上线路，还有很多的丝路故事有待发现和讲述，有更多的遗产有待提交全世界予以保护。

凡此种种，显然都需要我们对丝绸之路的遗产理论开展进一步的探讨和深化，甚至包括丝绸之路的遗产整体构成原理，也还存在一系列值得探讨的问题。如何界定对丝路遗产价值有意义的地理－文化单元，以及如何依托这些单元来切分更具相对完整性的路网单元，即所谓的"廊道"？相邻遗产廊道之间的衔接关系以及丝路整体的构成模式如何建立，目前采取的切分路网、分而治之的遗产申报策略存在着重大历史事件活动轨迹的断裂问题如何应对，等等。

为此，中国建设科技集团为促进中国的丝绸之路遗产研究，在主持"丝绸之路：长安－天山廊道的路网"申遗咨询工作的基础上，特设专项课题予以深化。

三、丛书的架构

本套系列丛书作为中国建设科技集团的课题成果，继续坚持"用遗产的眼光看、从文明的角度论"，采用世界文化遗产研究的技术路线，探讨长距离交流交通对人类文明与文化发展的历史作用及其过程。即：在2014年的遗产理论研究基础上，以中国与周边国家、地区为主，开展更为系统的相关遗产资料收集、梳理与分类研究，辑成一套以《总论篇》与《城镇篇》《交通篇》《生产篇》《宗教篇（上）》《宗教篇（下）》《墓葬篇》等组成的系列丛书。

作为一种系统的陈述方式，总论以下各卷作为第一卷的分类研究予以展开。每卷由两部分组成：

第一部分为1或2篇主旨论文，依据总论提出的文化线路遗存分类原理，邀请专家撰写以中国为主的丝路分类遗存概况研究。我国此前从未就此角度展开过系统研究，故此每位专家均以自身的学术专长与资料积累为基础，展开程度不同的专题研究，是为探索之始。

第二部分以图文并茂的分类案例汇编为主，共选择了290处丝路遗存，其中绝大部分拥有国家级的保护身份，相当一部分属于世界文化遗产，故以下简称"遗产点"。考虑到目前尚缺乏全面涵盖丝绸之路的遗产理论和价值研究，本系列丛书选择以点带面的方式，遗产点收集范围明显突破主旨论文内容——在空间上以中国为主、扩至亚欧大陆或更大范围，在时段上仍遵循《概念文件》界定的丝绸之路遗产时段：公元前2世纪—公元16世纪。大量遗产点的汇编介绍，不仅是对第一部分主旨论文所涉案例基本信息的细化，更重要的是借此喻示丝绸之路的世界格局。遗产点的遴选与编撰均由中国建筑设计研究院建筑历史研究所课题组完成（遴选说明详见本书"凡例"）。

各卷撰写情况简要说明如下：

- **总论篇**

此卷由"天山廊道"申遗文本主笔人、中国建筑设计研究院建筑历史研究所名誉所长陈同滨研究员负责，尝试"用遗产的眼光看、从文明的角度论"的方式，撰写主旨论文《丝绸之路：人类文明与文化交流融汇的伟大遗产——基于文化遗产理论的丝绸之路研究》，内容是对前此"天山廊道"申遗阶段形成的研究内容进行梳理和汇总，主要包括：一、丝绸之路概念的缘起与传播；二、丝绸之路——作为文化线路类型的遗产；三、超大型的文化线路——"丝绸之路：长安－天山廊道的路网"的构成分析；四、世界遗产的突出普遍价值声明——"丝绸之路：长安－天山廊道的路网"的价值研究；五、"丝绸之路：长安－天山廊道的路网"的特征；六、超大型线路遗产的理论探索；七、结语。

论文之后收录了大量与"天山廊道"申遗相关的国际文件和文献目录。这些文件凝聚了国际资深遗产专家辛勤的探索与智慧的思考，对于了解和学习丝绸之路如何作为文化遗产、如何构成文化线路，都具有十分重要的意义。借本书出版之际以摘录的方式介绍给中国同行，希望能促成更多的学者和年轻人参与丝绸之路这一人类伟大遗产的研究与保护事业，展开诸如丝绸之路作为文化线路遗产的概念定义、时空范畴、基本构成、遗产分类、线路（廊道）特征、发展分期等专题探索，激发出遗产价值对于当代社会发展的种种意义。

- **城镇篇**

主旨论文：《丝绸之路上的都城与城镇》，由北京大学考古文博学院陈凌教授撰写，分为4章展开：一、引言；二、帝国都城与丝绸之路的开辟与繁盛；三、西域城邦与东西方文化交流；四、结语。

遗产点介绍：基于对丝绸之路遗产的主题价值——见证由大宗丝绸贸易促成的文明交流与互动，选择了70处（国内29处、国外41处）分布于丝路交通节点上的城镇遗迹，类型分为都城与城镇2大类。所谓"节点"，是相对于整个交通交流的路网而言，其中包括文化线路的交通交流端点与路网的枢纽中心，以及交通沿线、沿海的商贸重镇。故此，本卷的遗产点近30%属于世界文明史上的帝国或统一王朝的都城，即不同地域、不同时期、不同文化的文明中心，其余遗产点以地方政权的中心城镇与帝国、王朝的商贸重镇为主，也包含少量在丝绸之路的交通交流上具有突出意义的城镇遗址；同时，这些遗产点基本包含了人类文明史上主要宗教信仰的中心所在。

- **交通篇**

主旨论文：《丝绸之路上的交通与保障》，由长期工作在新疆维吾尔自治区文物局的李军副局长撰写，分为2章展开：一、陆上丝绸之路的开辟与构成；二、海上交通线路的开辟与构成。

遗产点介绍：基于对文化线路遗产交通特性的强调，选择了43处（国内41处、国外2处）分布于丝路路网上的各类交通设施与保障遗迹予以介绍，类型涉及道桥、关隘、戍堡、烽燧、驿站、屯田、港口设施、灯塔、航海祭祀等9种。

- 生产篇

生产类丝路遗存依据文化线路理论，主要指丝路贸易商品的生产基地。丝绸、陶瓷和茶叶3大商品是世界公认的中国主要出口贸易产品。本卷特约丝绸研究和水下考古2位专家撰写主旨论文，分别阐述了丝绸、陶瓷两种重要商品在陆上、海上丝绸之路的贸易变迁和陆上、水下重要考古发现，以及中外文化与技术的交流。

两篇主旨论文：

《海上丝绸之路上的陶瓷生产与贸易》由国家文物局考古研究中心孟原召研究员撰写，分为6章展开：一、引言；二、陶瓷：海上丝绸之路上的重要商品；三、唐五代：海上陶瓷贸易的兴起；四、宋元：海上陶瓷贸易的繁荣；五、明清：海上陶瓷贸易的新发展；六、余论：腹地经济与海上丝绸之路的发展。

《丝路之绸：丝绸在丝绸之路上的作用》由中国丝绸博物馆馆长赵丰研究员撰写，分为5章展开：一、丝绸在丝绸之路中的地位；二、丝绸之路上的丝绸发现；三、丝路上的丝绸传播；四、丝路上的丝绸技术交流；五、结语。

遗产点介绍：由于丝路的商贸产品生产与集散基地没有受到充分重视、列为保护对象，使得公元前2世纪—公元16世纪期间的中国丝绸生产遗址遗迹（包括种植、养殖、编织与贸易集散地）几乎无处寻觅。不得已，本卷只能选择28处（国内24处、国外4处）以中国境内的外销瓷烧造遗迹与海上沉船遗址为主的遗址点，作为这一时期丝绸之路的生产类物证，是为遗憾！

- 宗教篇（上）

佛教传播是在本廊道传播的各类宗教中影响最大、遗存最多的题材，特辟专卷予以论述。内容包括：

主旨论文：《丝绸之路与佛教艺术》，由中国社会科学院考古研究所李裕群研究员撰写，主要论述了佛教遗迹中的石窟寺类型，分为6章展开：一、绪言；二、古代西域佛教遗迹；三、河西及甘宁黄河以东石窟寺遗迹；四、中原地区佛教遗迹；五、南方地区佛教遗迹；六、古代印度、中亚及其他国家佛教遗迹。

遗产点介绍：基于佛教在本廊道的突出价值——对中国乃至整个东亚文化产生了广泛、持久的价值观影响，选择了69处（国内59处、国外10处）分布于亚洲丝路沿线的佛教遗迹，并在主旨论文涉及的石窟寺类型之外，适量选择了具有一定代表性的佛教建筑，作为研究内容的弥补；进而参照石窟寺的地域分区，归纳为古代西域地区佛教遗迹、河西—陇东地区佛教遗迹、中原及周边地区佛教遗迹、南方地区佛教遗迹、东北地区佛教遗迹、蒙古高原佛教遗迹、青藏高原佛教遗迹、古代印度与中亚、东北亚地区佛教遗迹共 8 片区域展开介绍。

- 宗教篇（下）

此卷是对佛教之外的其他宗教传播的专题研究，内容包括：

主旨论文：《丝绸之路上的多元宗教》，由北京大学考古文博学院陈凌教授撰写，分为 5 章展开：一、引言；二、祆教在丝绸之路的传播与遗存；三、摩尼教在丝绸之路的传播与遗存；四、景教在丝绸之路的传播与遗存；五、伊斯兰教在丝绸之路的传播与遗存。

遗产点介绍：基于丝路的多元文化价值特征，选择了 43 处（国内 28 处、国外 15 处）分布于中国、中亚、南亚等丝路沿线的各类宗教遗迹，包括琐罗亚斯德教（祆教）、摩尼教、景教、伊斯兰教和印度教等，其中早期传播的宗教遗迹留存至今的颇为零散，特别是摩尼教因其传教策略"尽可能利用其他已经流传深远的宗教的教义、仪式和称谓"，故在中国大多依托佛教石窟寺或佛寺进行传播。

- 墓葬篇

主旨论文：《丝绸之路起点的特殊陵墓》，由陕西省考古研究院焦南峰研究员撰写，分为 4 章展开：（一）丝绸之路及其起点；（二）丝绸之路起点的特殊墓葬；（三）分析与认识；（四）结语。作为关中地区秦汉墓葬的考古发掘领队，作者凭借第一手资料将专题论述集中于这一地区，并首次从丝路关联价值角度予以解读。

遗产点介绍：基于墓葬类遗址对丝路相关重大历史事件的人物或不同生活方式的人群具有独特的见证作用，选择了 37 处分布于丝路沿线的墓葬遗迹，并在主旨论文涉及的关中地区帝王陵墓之外，适量增补了具有一定代表性的其他墓葬，作为分布格局的补缺；进而参照地理—文化单元的概念，分为中原地区墓葬、河西走廊及两侧地带墓葬、青藏高原地区墓葬、河套地区墓葬、西域地区墓葬、内蒙古高原地区墓葬、东南沿海地区墓葬以及欧洲及中亚、西亚墓葬展开介绍。其中包括 4 处国外的重要人物墓葬，作为研究拓展的初试。

以上生产、墓葬 2 卷的主旨论文受研究专长和实物资料的限定，论述内容有所局限，但对于开启一种新的研究角度，仍不失为一种极有意义的尝试，也促使我们意识到研究视野的拓展方向。

丝绸之路是横跨欧亚大陆的超大型文化遗产，是涉及了半个地球的人类文明与文化发展史上最重要的文化遗产，亦可谓是迄今为止全球规模最大的、内涵最丰富、同时也是最具世界意义的文化遗产。有关它的价值研究超越了国境和民族，对人类的过去、现状和未来都具有重要意义。中国作为丝绸之路的东方文明中心，有责任持续推进丝绸之路的遗产研究与保护工作，为国家的"一带一路"倡议作出应有的积极贡献。

序二

陈 凌

丝绸之路申遗经历了一个比较长的时间。不同国家的学者在此期间交流碰撞，实际上都是前人和今人智慧的结晶，因此历史上赫赫有名的丝绸之路终于在 21 世纪的某一时刻成了世界遗产。

在申遗的过程中，确实必须关照每个遗产点的价值，但又必须跳出单个遗产点的限制，有一个整体的宏观认识。至少就我个人而言，这方面的素养是远远不够的。但从另一方面说，在整个申遗过程中也学到了许多新的知识，有了一点新的思考。

就遗产本身的价值而言，与其说是遗址本身体现的，还不如说是从整体的结构体系来体现的。丝绸之路申遗包含了城镇、烽燧、宗教遗存、墓葬等不同类型的文化遗产。这些遗产点既从不同层面展现了丝绸之路的面相，同时它们各自也因为丝绸之路而被界定了意义。

城镇是一个地区的中心平台，能够比较集中地呈现一个区域的社会经济和文化水平。丝绸之路上的城镇经济和多元文化，主要还是因为居民成分的多元。来自不同地区、不同文化、不同族群的人聚居一地，在接触和交往过程中往往会碰撞出新的火花，衍生出新的文化艺术。这个过程往往是不自觉的，渐变的，因此新衍生的文化艺术中不同元素的结合更为自然，不会给人拼凑斧凿之感。这也是丝绸之路上艺术文化往往出人意表、绚烂瑰奇的原因。

墓葬反映了人们对于另一个世界的想象与认识，更是反映了现实世界的生存状态。从墓葬出土的材料中，可以看到不同族群的联系是相当紧密的。事实上，可以说丝绸之路上的族群不存在绝对的"纯粹"，往往都是你中有我，我中有你。陈寅恪先生论及北朝历史时曾经提出文化之关系较重、种族之关系较轻的观点，我想，这个观点对于丝绸之路上古代人群同样是适用的。

古代宗教既是人们的信仰，某种程度上讲也是古代意识形态的重要组成部分。丝绸之路上宗教多元，不同宗教往往相互借鉴。还可以看到，宗教在丝绸之路沿线传播的过程中，也在不断地调适，以适应不同区域的现实。这就是宗教的地方化和本土化的过程。

丝绸之路的一个必不可少的要素就是道路交通。在这次丝绸之路申遗中，明确的道路遗迹是崤函古道。曾经有人质疑，为什么丝绸之路申遗很少包含道路遗产？我的理解是：虽然遗产点中少有道路，但道路已在其中。要说明白这个问题，先得明白古代道路是怎么构成的。笼统地说，道路大致可以分为两类，一类是官道，一类是非官道。官道是主要的交通干线，所连接的是各级城镇，一般沿途配备有必要的邮驿、烽燧设施，为交通和信息传输提供安全保障。比如《新唐书·地理志》所记载的道路，主要就是这一种类型的官道。非官道是交通支线，沿途则不配备邮驿、烽燧设施。不过，两类道路并不是截然分开的，一方面是支线最终都与主干线相连，另一方面是必要的时候官方行动也可能利用非官道。因此，确定了城镇、邮驿、烽燧等要素之后，实际上也就确定了连接彼此的交通道路。当然，丝绸之路道路的意义绝不仅是物化层面的，更重要的则是道路所承载的经济、文化通道功能。

固然丝绸之路是言人人殊，但或许有一些共同的认识。就我个人的理解，丝绸之路是一种世界体系格局，丝绸之路不是固化在一定的时空之内，而是跨越时空的。支持丝绸之路跨越时空的，不仅仅是丝绸之路上文化的多元交融、绚丽多彩，更是丝绸之路背后所蕴含的包容、互鉴的精神。可以说，在丝绸之路上的每一个人都在创造着丝绸之路。不同器乐、不同声部的合奏，造就了丝绸之路宏大的交响乐章。一种器乐、一种声音，只能是独奏，不可能成为震撼人心的交响乐。我想，这就是丝绸之路辉煌的根本成因，也是可以跨越时空给予后人启迪的可贵之处。

凡例

本系列丛书共收集290处丝绸之路相关遗产点，分别归入《城镇篇》《交通篇》《生产篇》《宗教篇（上）》《宗教篇（下）》《墓葬篇》6卷予以分类介绍。有鉴于丝绸之路的遗产点在时空范围和历史文化内涵方面涉及面甚广，大多存在历史年代累叠、研究深度不足或相关价值特征研究更为欠缺等复杂情况。为此，本书以"丝绸之路：长安－天山廊道的路网"所含33处遗产点为基础，扩展至《世界遗产名录》及预备名单中与丝绸之路相关的部分遗产点，适量补充我国与丝绸之路相关的若干重要文物保护单位与个别案例，参照文化遗产的陈述模式制定下列统一编撰体例：

遗产点编撰凡例：

——遗产点的遴选范围依据丝绸之路范畴"两片三线"：陆上丝绸之路和海上丝绸之路，沙漠绿洲路线、草原路线、海上路线。

——遗产点的时间范畴依然依据UNESCO世界遗产中心2007年的《概念文件》规定，以公元前2世纪至公元16世纪为限，即以张骞出使西域为起始、至大航海时代之前为终止。

——遗产点的空间范畴受现有资料限定，以中国为重点，外扩至亚欧大陆乃至整个世界的丝绸之路分布范围。

——遗产点的分类主要依据文化线路理论，以其对丝绸之路整体价值的支撑角度，即历史功能进行归类介绍，必要时辅以地域分类。

——各类遗产点的排序以其在丝路上发挥显著作用的年代为准，忽略对最初始建年代或16世纪之后繁荣时期。

——遗产点的介绍体例包含了表格、文字、图片三种形式。其中：表格选择遗产点的基本信息予以简要表述；文字以世界遗产的"简要综述"体例结合系列集合遗产的特性编撰，由"事实性信息"和"丝路关联和价值陈述"两部分内容组成，侧重介绍遗产点与丝绸之路相关的历史信息；图片包括线图与照片，力求直观表达遗产形象。

——遗产点的介绍内容主要来自世界遗产、文物保护单位等遗产保护身份的基础材料及其研究论著。

丝路总图绘制凡例：

——丝绸之路总图的路线勾勒以表达亚欧大陆以丝绸为大宗贸易的"贸易大动脉"为主要意向，不同历史时期的路线分别以不同色彩标注；有关宗教传播、外交使者及其他重要历史事件的路线暂不予标注。

——路网节点城市以现代城市名标注，后附不同历史时代曾用名。

——节点城市之间的连线仅为交通关系示意，不对应道路地形的实际走势。

目 录

序一
序二
凡例

丝绸之路上的都城与城镇

一、引言　002
二、帝国都城与丝绸之路的开辟与繁盛　004
三、西域城邦与东西方文化交流　014
四、结语　038

都城　含帝国、汗国、王国都城

汉长安城未央宫遗址
Site of Weiyang Palace in Chang'an City
of the Western Han Dynasty　044
科尔多瓦历史中心
Historic Centre of Cordoba　047
罗马历史中心区
Historic Center of Rome　049
汉魏洛阳城遗址
Site of Luoyang City from
the Eastern Han to Northern Wei Dynasty　052
邺城遗址
Site of Yecheng City　058
伊斯坦布尔历史城区
Historic Areas of Istanbul　061
平城遗址
Site of Pingcheng City　064
隋唐洛阳城遗址
Site of Luoyang City from
the Sui to Tang Dynasty　067
唐长安城大明宫遗址
Site of Daming Palace
in Chang'an City of the Tang Dynasty　072
撒马尔罕古城
Historic Town of Samarkand　075
辽上京遗址
Site of Upper Capital of the Liao Dynasty　080
巴拉沙衮
City of Balasagun　084
布哈拉历史中心
Historic Centre of Bukhara　088

大马士革古城
Ancient City of Damascus　093
大不里士的集市区
Tabriz Historic Bazaar Complex　096
哈拉和林
Karakorum　098
元上都遗址
Site of Xanadu　100
元大都遗址
Site of Khanbaliq　103
阿力麻里遗址
Site of Almaliq　106
明故宫遗址
Ming Palace Ruins　108

城镇　含城邦、城镇、商贸聚落

轮台古城
Ancient City of Koyuk Shahri　112
卓尔库特古城
Ancient City of Drow Kurt　113
交河故城
Site of Yar City　115
尼雅遗址
Site of Niya　122
呾叉始罗
Taxila　125
米兰遗址
Site of Miran　130
高昌故城
Site of Qocho City　133
乌什喀特古城
Ancient City of Ushkart　138
西海郡故城遗址
Site of Xihai Jun City　140
石头城遗址
Site of Stone City　142
龟兹故城
Site of Kucha City　144
艾斯克萨古城遗址
Ancient City of Aski Sahr　146

楼兰故城遗址
Site of Loulan City　　147

巴林贸易港考古遗址
Qal'at al-Bahrain —
Ancient Harbour and Capital of Dilmun　　150

统万城遗址
Site of Tongwan City　　153

伏俟城遗址
Site of Fusi City　　157

片治肯特
Ancient Penjikent　　159

新城
City of Nevaket　　161

科斯托比遗址
Site of Kostobe　　166

碎叶城
City of Suyab　　169

库兰遗址
Site of Kulan　　172

柳中古城遗址
Site of Ancient Liuzhong City　　177

呾逻斯
Taraz　　178

北庭故城遗址
Site of Bashbaliq City　　179

吉达古城
Historic Jeddah　　183

回鹘牙帐城遗址
Site of Khar Balgas　　185

奥尔内克遗址
Site of Ornek　　189

阿克托贝遗址
Site of Aktobe　　193

塔尔加尔遗址
Site of Talgar　　197

尸罗夫
Siraf　　200

开阿利克遗址
Site of Kayalyk　　203

阿克亚塔斯遗址
Site of Akyrtas　　207

奥什
Osh　　210

基尔瓦·基斯瓦尼遗址和松戈马拉遗址
Ruins of Kilwa Kisiwani and
Ruins of Songo Mnara　　212

阿尼考古遗址
Archaeological Site of Ani　　217

威尼斯及其潟湖
Venice and Its Lagoon　　221

库尼亚—乌尔根奇
Kunya-Urgench　　227

卡尔哈特古城
Ancient City of Qalhat　　230

巴姆城及其文化景观
Bam and Its Cultural Landscape　　233

梅尔夫历史与文化公园
State Historical and
Cultural Park "Ancient Merv"　　236

开城遗址
Site of Kaicheng City　　239

沙赫里夏勃兹历史中心
Historic Centre of Shakhrisyabz　　242

琉球王国城堡遗产群
Gusuku Sites of the Kingdom of Ryukyu　　246

马六甲
Malacca　　250

固原古城遗址
Site of Ancient Guyuan City　　253

科钦
Cochin　　255

科泽科德
Calicut　　257

吉大港
Chittagong　　260

加勒
Galle　　263

希瓦古城
Khiva　　265

图片来源　　268

丝绸之路上的都城与城镇

陈 凌

一、引言

跨越亚非欧三洲的丝绸之路是古代东西方世界交通的大动脉，在人类文明史上有深远的影响。百余年来，丝绸之路一直是国际学术界备受关注的话题，人们一直被丝绸之路上绚烂多彩的文明所深深吸引。2014年6月，中国、哈萨克斯坦、吉尔吉斯斯坦三国联合申报丝绸之路遗产项目在卡塔尔多哈召开的联合国教科文组织第38届世界遗产委员会会议上获得通过，丝绸之路再次引起了全世界的瞩目。

"丝绸之路—天山廊道"世界遗产项目作为线性遗产，经过的路线长度大约5 000km，包括各类共33处遗产点，申报遗产区总面积为42 680hm²，遗产区和缓冲区总面积为234 464hm²。其中，中国境内有22处遗产点，包括河南省4处、陕西省7处、甘肃省5处、新疆维吾尔自治区6处。哈萨克斯坦境内有8处遗产点，吉尔吉斯斯坦境内有3处遗产点（表1）。当然，这只是古代丝绸之路的一部分，而非全部。值得注意的是，33处遗产点中城镇遗产占了相当大的比重，充分说明了城镇在丝绸之路中的特殊地位。

丝绸之路—天山廊道世界遗产　　　　　表1

国别	遗址
中国	汉长安城未央宫遗址、唐长安城大明宫遗址、汉魏洛阳城遗址、隋唐洛阳城定鼎门遗址、锁阳城遗址、北庭故城遗址、高昌故城、交河故城 玉门关遗址、新安汉函谷关遗址、崤函古道石壕段遗址、悬泉置遗址、克孜尔尕哈峰燧 大雁塔、小雁塔、兴教寺塔、彬县大佛寺石窟、麦积山石窟、炳灵寺石窟、克孜尔石窟、苏巴什佛寺遗址 张骞墓
哈萨克斯坦	开阿利克遗址、塔尔加尔遗址、阿克托贝遗址、库兰遗址、奥尔内克遗址、阿克亚塔斯遗址、科斯托比遗址、卡拉摩尔根遗址
吉尔吉斯斯坦	阿克·贝希姆遗址、布拉纳遗址、科拉斯纳亚·瑞希卡遗址

城市在人类社会生活中无疑具有特殊重要的意义，它是人类走向成熟和文明的标志，也是人类群居生活的高级形式。城市集中体现一个区域内政治、文化、社会生活等方面的信息。客观地说，丝绸之路沿线，特别是中国境内段的古城，除了具有一般城市的基本作用外，还承担保障丝绸之路安全和通畅的功能。这是丝绸之路沿线的历史和地理背景决定的。

地理环境是人类活动的基本空间前提，在相当大程度上制约了人们的生产生活方式。法国年鉴学派大师费尔南·布罗代尔（Fernand Braudel）在其巨著《菲利普二世时代的地

1 张广达：《西域史地丛稿初编》，上海古籍出版社，1995，第374—376页。
2 新疆维吾尔自治区第二测绘院：《新疆维吾尔自治区地图集》，中国地图出版社，2009。

中海和地中海世界》中花费了大量的篇幅论述地理因素的深层次作用。在布罗代尔看来，人类同地球环境斗争的历史，构成为历史长期的连续性；而地理环境又有助于人们认识了解历史的真实面目。从长时段来看，一些特殊地区的地理环境因素对人类的影响表现得尤为突出。

欧亚内陆地带自古以来以气候干燥、降雨量稀少著称。由于大气环流不能把较多的水汽输送到欧亚内陆，因此不能以降雨的形式释放大气中的水分，而帕米尔高原及周围的隆起地带又对湿润气流的北上有重要的阻挡作用。在长期干旱条件下，高山夹持的高原、盆地及山前冲积扇地带由于强劲的风蚀作用形成戈壁，而原先积存着丰富疏松成沙物质的地带则在风力作用下形成沙漠。著名的塔克拉玛干沙漠即是在极端干旱条件下，受高度在12m，风速有时高达30m/s的扬沙风作用下形成的。[1]新疆地处欧亚大陆中心，四周有阿尔泰山、帕米尔、喀喇昆仑山、昆仑山、阿尔金山等高山环绕。天山横亘中央，把新疆分割为南北两大部分，形成三山两盆的地理格局。而在平行山脉之间则为一系列大小不等的山间盆地和谷地，如拜城、焉耆、吐鲁番、哈密，及尤勒都斯等盆地，伊犁、乌什等谷地。

在远离海洋和高山环抱的影响下，新疆气候具有典型的干旱气候特征。新疆的平均降水量为145mm，为中国年平均降水量630mm的23%，不但低于全国平均值，也是地球上同纬度地区最少的。不过，即使是南北疆也存在巨大差异。北疆平原区为150—200mm，西部可达250—300mm。南疆平原在70mm以下，最少的托克逊只有7mm。北疆中山带以上年降水量为400—600mm。伊犁谷地个别迎风坡可达1 000mm。天山南坡中山带以上年降水量为300—500mm。昆仑山北坡年降水一般为200—400mm，局部迎风坡可达500mm。夏季山区降水直接形成径流，汇入河道，是农业灌溉的主要水源。新疆农田用水80%来自河流。冬季山区积雪融化后，成为春季河流主要的水源。[2]

新疆的地理条件决定了北疆适宜游牧，南疆适于定居。丝绸之路沿线所经的不同地区也因各自的地理环境差异，深刻地影响了各自的文化面貌。丝绸之路中段，亦即主要是环塔里木盆地周缘，依靠着雪山融水和地下水，形成了星星点点的由沙漠、戈壁、高山包环的绿洲。自然地理和气候条件的不同，根本上决定了绿洲文明的生产和生活方式与草原地带有较大的差异。笼统而言，草原地带的居民主要是逐水草而居的游牧生活，绿洲地区的居民则是半游牧半农耕生活方式。以星散在各处河流绿洲上的定居点为基础，逐渐发展形成一些绿洲城市。这些绿洲城市之间的联结成为丝绸之路新疆段的基本道路网。

同样由于中亚地区特殊困难的地理条件，也决定了绿洲或是草原地带的城镇，不论它们各自的地位、性质如何，都必然成为交通线上一个个的中继站，因而也造就了这些城镇人群和文化的多样性特点。

二、帝国都城与丝绸之路的开辟与繁盛

在世界遗产会议上，世界遗产委员会对丝绸之路天山廊道评价称：

> 丝绸之路见证了公元前 2 世纪至公元 16 世纪期间，亚欧大陆经济、文化、社会发展之间的交流，尤其是游牧与农耕文明之间的交流；它在长途贸易推动大型城镇和城市发展、水利管理系统支撑交通贸易等方面是一个出色的范例；它与张骞出使西域等重大历史事件直接相关，深刻反映出佛教、摩尼教、祆教等宗教和城市规划思想等在古代中国和中亚等地区的传播。

这段文字中对丝绸之路的时段、意义作了概括性的界定。所谓的"公元前 2 世纪至公元 16 世纪期间"指的正是从汉到明这段时间，是符合历史事实的。

近百年来，丝绸之路一直是国际学术界的热点话题。尤其是在申报世界遗产成功，以及中国领导人提出"一带一路"倡议之后，丝绸之路更是一时成为各界关注的焦点。由此，有一些人提出在张骞通西域之前就存在着丝绸之路。这种说法实际上似是而非。

众所周知，"丝绸之路"的概念是由德国地理学家李希霍芬（F.v. Richthofen，1833—1905 年）提出的。李希霍芬认为，丝绸之路是"从公元前 114 年到公元 127 年间，连接中国与河中（指中亚阿姆河与锡尔河之间）以及中国与印度，以丝绸之路贸易为媒介的西域交通路线"。可以看出，李希霍芬的"丝绸之路"概念有着明确的时间、空间以及内容界定。此后不久，1910 年，德国历史学家赫尔曼(A. Herrmann) 在《中国和叙利亚之间的古代丝绸之路》一书中提出，"我们应把该名称的涵义进而延伸到通往遥远西方的叙利亚的道路上。"赫尔曼的意见将丝绸之路的空间范围向西作了大幅延伸。后来，随着学术的积累，关于丝绸之路的概念在时空上又有所拓展。从空间上说，从中国往东延伸至朝鲜、日本，向西则远至非洲；从时间上说，始自汉武帝时期，下至 16 世纪。不过，丝绸之路开始的时间却一直是以张骞通西域为标志的。

那么，张骞通西域之前东西方的文化交流是否存在呢？答案是肯定的。现代研究者根据考古发现，指出东西方文化交流在很早的史前时期就已经存在，特别是欧亚草原民族迁徙和物质流动。汉以前东西方有交流是事实，但这并不等于就是"丝绸之路"。仅以《史记》的记载来说，张骞在出使之前就已经知道西域一些部族的情况，说明此前必定有人物往来、信息传递。但古代史书还依然把张骞通使称为"凿空"，充分说明在当时人眼里，张骞的活动确实是空前的，而且是有极其重要意义的壮举。张骞二次出使西域，《史记》称：

> 其后岁余，骞所遣使通大夏之属者皆颇与其人俱来，于是西北国始通于汉矣。然张骞凿空，其后使往者皆称博望侯，以为质于外国，外国由此信之。

这个记载明白指出张骞之举是"凿空"，即第一次正式开辟与西域的通使往来，带有官方色彩，是一种国家政治行为。也就是说，从张骞通使西域之后，中原政权和广大西域地区才开始有了正式的官方往来。所谓的"凿空"就是从这个意义上说的。中央政权在西域地区建立了一套政治、军事管理系统之后，也在客观上保障、促进，并且大大深化了东西之间的交往。张骞通西域以前，东西方的文化交流是自发的、民间性质的，其深度、广度与丝绸之路正式开通以后的情形是无法相提并论的。我们固然应当承认，人们对于丝绸之路的认知水平会随着学术的进步而不断更新，但以张骞通使西域作为丝绸之路开辟的标志是毫无疑义的。

基于丝绸之路的历史发展演变情况，我们大致可以把史前至16世纪东西方交流做这样一个分期：

（1）公元前2世纪以前　　　　　丝绸之路前史期
（2）公元前2世纪—公元3世纪　　丝绸之路古典期
（3）4世纪—9世纪　　　　　　　丝绸之路黄金期
（4）10世纪—16世纪　　　　　　丝绸之路后续期

丝绸之路开辟之后的三个时期，中国无论是作为最初的推动者，还是作为后来的主导者，都起了至关重要的作用。

如果承认张骞通西域是丝绸之路正式开辟的标志，那么以当时发出中央政令的长安作为丝绸之路的起始点就是题中应有之义了。同理，汉魏洛阳城、唐长安城（隋大兴城）、唐洛阳城作为不同时期中央政令颁发之地，也就是各时期丝绸之路的起始点。

公元前202年，汉高祖刘邦采纳娄敬的意见，置长安县，定都长安，在秦兴乐宫基础上修建长乐宫。此后，又陆续修建未央宫、武库、太和北宫等。公元前194年，汉惠帝刘盈即位之初就开始着手修筑长安城城墙。长安城的修筑从西城墙、北城墙开始，工程持续五年之久。公元前189年，汉惠帝又在高祖六年修建的大市之西兴建东、西两市。至此，大致奠定了汉长安城的规模。汉武帝刘彻于建元三年（前138年）起上林苑，元狩三年（前120年）开凿昆明池，元鼎二年（前115年）修柏梁台，太初元年（前104年）修建章宫，太初四年修明光宫。汉武帝还扩建了北宫。长安城的建设至此达到高峰。汉长安城是西汉王朝政治、经济、文化中心,是丝绸之路的东方起点,与西方的罗马并为当时世界上最著名的大都会。

汉长安城遗址位于陕西西安市西北郊。经过数十年的考古和勘探工作,汉长安城城墙、城门、城内主要道路和长乐宫、未央宫、桂宫、北宫、高庙、东西两市等重要遗迹的地望、范围、结构布局都已基本弄清。

未央宫是汉长安城中最重要的建筑之一,始建于汉高祖七年(前200年)。《史记》卷八"高祖本纪":

> 萧丞相营作未央宫,立东阙、北阙、前殿、武库、太仓。高祖还,见宫阙壮甚,怒,谓萧何曰:"天下匈匈苦战数岁,成败未可知,是何治宫室过度也?"萧何曰:"天下方未定,故可因遂就宫室。且夫天子四海为家,非壮丽无以重威,且无令后世有以加也。"高祖乃说。

从汉惠帝刘盈开始,以未央宫为皇宫。作为国家最高办公地点,未央宫在汉长安城、西汉一朝历史上有着重要的地位。作为皇宫、大朝正殿所在,汉武帝开通西域及此后涉及西域的政策制定都与未央宫有关。

未央宫位于汉长安城西南隅,遗址在今西安市未央区未央宫乡(图1、图2)。宫城平面近方形,边长2 150—2 250m,周长8 800m,面积约5km²。宫墙夯筑,墙宽约8m。宫城四面各辟一座宫门,此外还有若干座"掖门"。文献记载东宫门、北宫门之外筑有高大阙楼,东宫门阙址已勘察清楚。宫城四隅筑有角楼,其中西南角楼已进行了全面发掘。宫城内有三条主干道,两条平行的东西向干道贯通宫城,宫城中部有一条南北向干

图1　未央宫前殿遗址鸟瞰

图2　汉长安城未央宫前殿西南部遗址

图3 汉长安城未央宫椒房殿遗址

图4 椒房殿遗址出土"长乐未央"瓦当

图5 椒房殿遗址出土空心砖

道纵贯其间。两条东西向干道将未央宫分成南部、中部和北部。中部主要有未央宫的主体建筑——前殿基址,在其东西两侧还有一些其他重要的宫殿建筑。北部为后宫和皇室官署所在,后宫首殿——椒房殿遗址位居前殿基址以北350m处,规模宏大(图3~图5)。皇室官署,如少府遗址等,多在后宫之西。未央宫西北部发掘的未央宫第三号建筑遗址属于负责宫营手工业的中央官署建筑遗址。后宫以北和西北部有皇室的文化性建筑,如天禄阁、石渠阁等。未央宫南部西侧为皇宫池苑区。

未央宫前殿是大朝正殿,大致位于宫城中央,坐北朝南,其上南北排列三座大殿。前殿属于秦汉时代流行的高台宫殿建筑,建筑物东、西两侧低,中间高,南低北高,由南向北逐渐升高。未央宫的布局结构反映了西汉王朝最高层统治者们的都城、宫城设计思想,它在中国古代都城发展史上有着十分重要的意义。

丝绸之路开辟以后,外国使者纷纷来华。《汉书》卷六十一"张骞传"称:

> 是时，上方数巡狩海上，乃悉从外国客，大都多人则过之，散财帛赏赐，厚具饶给之，以览视汉富厚焉。大角氐，出奇戏诸怪物，多聚观者，行赏赐，酒池肉林，令外国客遍观各仓库府臧之积，欲以见汉广大，倾骇之。及加其眩者之工，而角氐奇戏岁增变，其益兴，自此始。而外国使更来更去。

各种国外的奇珍异宝也进入宫廷之中。《西京杂记》称未央宫温室殿"温室以椒涂壁，被之文绣，香桂为柱，设火齐屏风，鸿羽帐，规地以罽宾氍毹。"[1] 罽宾在今克什米尔，氍毹是西域特产毛织物。汉武帝得大宛马后，以铜铸像立于未央宫北门，未央宫北门因此得名金马门。[2] 又采大宛葡萄种于上林苑离宫之中，取名葡萄宫。[3] 武帝修建的建章宫奇华殿也汇集了大量外来珍奇，"四海夷狄器服珍宝、火浣布、切玉刀、巨象、大雀、师子、宫马，充塞其中。"[4] 其中，大雀即驼鸟，师子即狮子，应都来自西亚，"宫马"可能是宛马（亦即大宛马）之讹。

除西域奇珍异宝输入之外，相应的还有其他文化产品的输入。《晋书》卷二十三"乐志下"称：

> 胡角者，本以应胡笳之声，后渐用之横吹，有双角，即胡乐也。张博望入西域，传其法于西京，惟得《摩诃兜勒》一曲。李延年因胡曲更造新声二十八解，乘舆以为武乐。

西域胡乐传入长安之后，经李延年的改造成为重要的宫廷音乐。

建武元年（公元25年），光武帝车驾入洛阳，定都于此。东汉一朝以及此后的曹魏、西晋、北魏都以洛阳为都，代有增修（图6）。曹操至魏明帝三代重修洛阳，前后多达十余年。魏文帝曹丕黄初元年初营洛阳宫，二年筑云台，三年穿灵芝池，五年穿天渊池，七年筑九华台。明帝太和元年（227年），初营宗庙。青龙三年（235年）大治洛阳宫，起昭阳、太极殿，筑总章观。魏文帝、明帝时还加筑了金墉城。西晋时期，除改营太庙之外，还修明堂、辟雍、灵台，并新筑三座城门。

八王之乱、十六国时期，洛阳遭受严重破坏。北魏孝文帝太和十七年（493年）幸洛。诏司空穆亮、尚书李冲、将作大匠董爵营造，至十九年（495年）成。北魏迁洛，一是孝文帝对金墉城进行大规模修缮；二是景明二年（501年）大规模造里坊，城市规模扩大。又于洛河南、圜丘北建四夷馆、四夷里。

东汉到北魏是丝绸之路进一步繁荣发展的阶段，洛阳城作为这段时期的都城，其重要地位和深远影响是不言而喻的。

---

[1] 何清谷：《三辅黄图校释》卷三，中华书局，2005，第154页。
[2] 同上书，第174页。
[3] 同上书，第194页。
[4] 同上书，第179页。

图 6　汉魏洛阳城宫城遗址鸟瞰

佛教于东汉明帝时输入中国,是丝绸之路文化交流中影响至深的事件(图 7)。随着佛教的发展,作为都城的洛阳聚集了大量来自中亚、西亚和南亚的高僧,有些东来的胡僧还在洛阳兴建寺院。伴随着佛教的输入,佛教艺术也在中国产生了巨大的影响。

北魏时期,洛阳城中汇聚的四方人物之多,从《洛阳伽蓝记》的一段记载中可以窥见一斑。《洛阳伽蓝记》卷三称:[1]

[1] 杨衒之撰:《洛阳伽蓝记校释》,周祖谟校释,中华书局,2010,第 115–117 页。

> 永桥以南,圜丘以北,伊、洛之间,夹御道有四夷馆。道东有四馆。

图 7　汉魏洛阳城永宁寺遗址出土物

> 一名金陵，二名燕然，三名扶桑，四名崦嵫。道西有四里：一曰归正，
> 二曰归德，三曰慕化，四曰慕义。吴人投国者处金陵馆，三年已后，
> 赐宅归正里。
>
> 景明初，伪齐建安王萧宝寅来降，封会稽公，为筑宅于归正里。
> 后进爵为齐王，尚南阳长公主。宝寅耻与夷人同列，令公主启世宗，
> 求入城内。世宗从之，赐宅于永安里。正光四年中，萧衍子西丰侯
> 萧正德来降，处金陵馆，为筑宅归正里，正德舍宅为归正寺。
>
> 北夷来附者处燕然馆，三年已后，赐宅归德里。
>
> 正光元年，蠕蠕主郁久闾阿那肱来朝，执事者莫知所处。中书
> 舍人常景议云："咸宁中，单于来朝，晋世处之王公特进之下，可
> 班那肱蕃王仪同之间。"朝廷从其议，又处之燕然馆，赐宅归德里。
> 北夷酋长遣子入侍者，常秋来春去，避中国之热，时人谓之雁臣。
>
> 东夷来附者处扶桑馆，赐宅慕化里。西夷来附者处崦嵫馆，赐
> 宅慕义里。自葱岭已西，至于大秦，百国千城，莫不欢附，商胡贩客，
> 日奔塞下，所谓尽天地之区已。乐中国土风，因而宅者，不可胜数。
> 是以附化之民，万有馀家。门巷修整，阊阖填列，青槐荫陌，绿树垂庭，
> 天下难得之货，咸悉在焉。
>
> 别立市于洛水南，号曰四通市，民间谓永桥市。

外来的商贩络绎奔赴洛阳，寓居其中，还带来"天下难得之货"。洛水南的四通市应当就是主要用于交易各种外来物品的一大集市。洛阳南郊北魏墓地出土的来自罗马、中亚的物品，从一个侧面印证了洛阳作为丝绸之路起点大都会的盛景。

隋大兴城唐名长安城，或曰京师城。唐初新建大明宫，取代了以太极殿（即隋大兴殿）为中心的旧宫殿区。唐太宗贞观八年（634年）于太极宫东北禁苑内的龙首原高地建永安宫，次年改名大明宫。显庆五年（660年），武则天开始被"委以政事，权与人主侔"[1]，第三年就选择长安城东北高岗之地修建大明宫，龙朔三年（公元663年）迁大明宫听政，自此以后大明宫成为唐代主要的朝会之所（图8、图9）。《旧唐书》卷三十八地理志一"关内道"条下称：

> 东内曰大明宫，在西内之东北，高宗龙朔二年置。正门曰丹凤，
> 正殿曰含元，含元之后曰宣政。宣政左右，有中书门下二省、弘文
> 史二馆。高宗已后，天子常居东内，别殿、亭、观三十余所。

[1]《资治通鉴》卷二〇〇唐纪高宗"显庆五年十月"条。

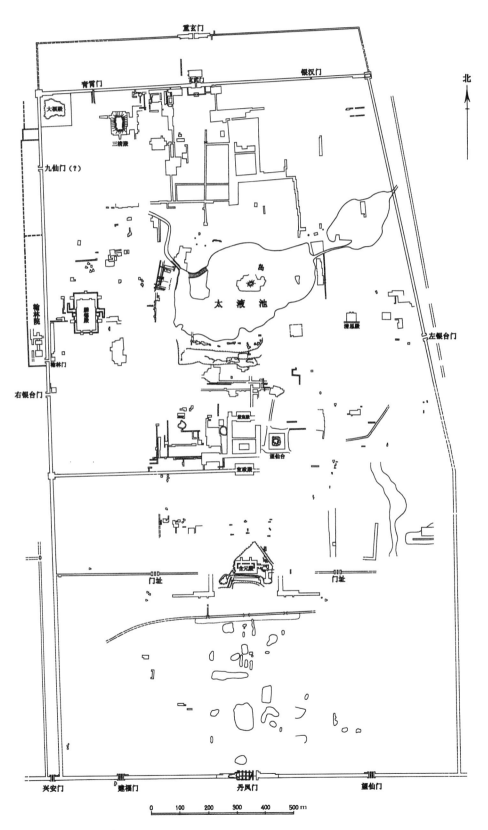

图 8　大明宫遗址考古平面图

鎏金铜铺首　　　佛首　　　鎏金铜狮

图 9　大明宫遗址出土物

宋程大昌《雍录》卷三记载更为详尽：[1]

> 大明宫地本太极宫之后苑，东北面射殿也，地在龙首山上。太宗初于其地营永安宫，以备太上皇清暑。九年正月虽尝改名大明宫，然太上皇仍居大安，不曾徙入也。龙朔二年，高宗染风痹，恶太极宫卑下，故就修大明宫，改名蓬莱宫，取殿后蓬莱池为名也。至三年四月，移仗御蓬莱宫之含元殿，二十五日始御紫宸殿。咸亨元年改蓬莱宫为含元殿，长安五年又改为大明宫。

1 [宋] 程大昌：《雍录》，黄永年点校，中华书局，2002，第 55–56 页。

大明宫南宽北窄，周长 7 628m。西墙长 2 256m，北墙长 1 135m，东墙由东北角起向南（偏东）1 260m，东折 300m，然后再南折 1 050m 与南墙相接，南墙是郭城的北墙，在大明宫范围内的部分长 1 674m。宫城除城门附近和拐角处内外表面砌砖外，其余皆夯土版筑。城墙的建筑分为城基和城墙两部分，城基宽 13.5m、深 1.1m。城墙筑在城基中间，两边比城基各窄进 1.5m 左右，底部宽 10.5m。城墙转角处，其外侧两边 15m 之内，均加宽 2m 余，有的内侧也同样加宽，可能原有角楼之类的建筑物。北墙之北 160m 处和东、西墙外侧约 50m 处，发现了与城墙平行的夹城，其基宽约 4m，夹城拐角处有的也包砌青砖。宫城四壁和北面夹城皆设门，其位置除南墙东部两门被今市区所压外，其他均已探得，各门只有南墙正中的丹凤门设三个门道，其余皆为一个门道。

图10　唐长安城大明宫太液池遗址建筑基础

图11　唐长安城大明宫含元殿复原图

大明宫北部有太液池（图10），南部有三道平行的东西向的宫墙。宫内已探得亭殿遗址三十余处，绝大部分在宫城北部。[1]

含元殿是大明宫正衙（图11），龙朔二年（662年）建。遗址位于丹凤门正北610m处的龙首原南沿之上，高出平地15.6m，与文献记载"含元殿陛上高于平地四十余丈"[2]相符。现存台基东西宽7.9m、南北长41.3m；殿面阔十一间，进深四间，间各广5.3m，殿外四周有宽5余米的副阶。台基前设长约70余米的南出的三条平行的阶梯和斜坡相间的砖石阶道，即所谓"龙尾道"。殿北两侧各有向外延伸并向南折出的廊道，分别与翔鸾阁、栖凤阁台基相连。[3] 从含元殿至南面的丹凤门是长达600多米的宽阔庭院，气势恢宏，史称"殿

1　中国科学院考古研究所：《唐长安大明宫》，科学出版社，1959。
2　《太平御览》卷一七五引《两京记》。
3　马得志：《1959-1960年唐大明宫发掘简报》，《考古》1961年第7期；傅熹年：《唐长安大明宫含元殿原状的探讨》，《文物》1973年第7期。

门去五门二里，每元朔朝会，禁军与御仗宿于殿庭，金甲葆戈，杂以绮绣，罗列文武，缨珮序立。蕃夷酋长仰观玉座，若在霄汉。"[1]

麟德殿营建时间略晚于含元殿。麟德殿遗址位于太液池西高地上。台基上三座殿址前后毗连。前殿面阔十一间，进深四间。前殿后的过道北接中殿。中殿面阔同前殿，进深五间，以墙隔为中、左、右三室。后殿面阔同中殿，进深三间。后殿之后另附面阔九间、进深三间的建筑物。中殿左右有东西亭方形台基一处。后殿左右有矩形楼阁台基一处，应即郁仪楼、结麟楼。唐代君主多在麟德殿召对群臣和接见外国使臣，"凡蕃臣外夷来朝，率多设宴于此，至臣下亦多召对于此也。"[2]

隋在大兴城皇城外东南和西南分别设置都会、利人两市，各占两坊之地，唐代则简称东市、西市。两市是都城手工业和商业的集中区域，也是外来胡商聚集之处，"四面立邸，四方珍奇，皆所积集"（《长安志》卷八）。寓居长安的还有大批外国贵族和僧侣，由于信仰的原因，在长安城中建有波斯寺、祆祠多处。

洛阳城"洛水贯都，有河汉之象。然其地北据山麓，南望天阙，水木滋茂。川原形胜，自古都邑莫有比也"，[3]在隋唐两代历史上有重要的地位。隋炀帝在即位次年（大业元年三月，605年）即诏杨素、宇文恺等人于洛阳营建东京。新建成的东京城"制度穷极壮丽"[4]。隋末战乱，洛阳受到严重破坏。唐高宗、武则天时期对洛阳做了大规模的重修。高宗时期还恢复了洛阳的"东都"称号，武则天时期又改称"神都"，并以之为大周帝国的都城。作为高宗、武后时期的政治中心之一，许多与丝绸之路有关的政治决策都是在洛阳做出的。

1 [唐]康骈：《剧谈录》卷下，载《唐五代笔记小说大观》下册，上海古籍出版社，2000，第1494页。
2 [宋]程大昌：《雍录》，黄永年点校，中华书局，2002，第71页。
3 [唐]韦述撰：《两京新记辑校》，辛德勇辑校，三秦出版社，2006，第73页。
4 《隋书》卷六十八《宇文恺传》。

三、西域城邦与东西方文化交流

中原王朝开辟和维系丝绸之路的决定性作用特别值得注意。《汉书·西域传》有这样一段话：

> 汉兴至于孝武，事征四夷，广威德，而张骞始开西域之迹。其后骠骑将军击破匈奴右地，降浑邪、休屠王，遂空其地，始筑令居以西，初置酒泉郡，后稍发徙民充实之，分置武威、张掖、敦煌，列四郡，据两关焉。自贰师将军伐大宛之后，西域震惧，多遣使来

贡献。汉使西域者益得职。于是自敦煌西至盐泽，往往起亭，而轮台、渠犁皆有田卒数百人，置使者校尉领护，以给使外国者。

这里所说的"给使外国者"就是对东西往来使者的一种物质和安全保障。中央政权管理西域、保障丝绸之路畅通，是由在西域地区建立的一套城镇、烽燧、屯田等军政系统而实现的。

《汉书·西域传》称西域"本三十六国，其后稍分至五十余"，又说"西域诸国大率土著，有城郭田畜，与匈奴、乌孙异俗"。可知在汉武帝通西域之前，西域已经有不少城市。众所周知，汉唐时代西域地区一直是中原王朝与北方游牧民族反复争夺的焦点地带。西域原为匈奴控制，汉击破匈奴后列四郡据两关，"自敦煌西至盐泽，往往起亭"，建立起了用于军事防御的亭障系统，开始在西域屯田，并"给使外国者"。随着西域被纳入疆域之内，中原王朝也开始在西域建城。中原王朝在西域所建的城市，一部分是在原先的绿洲城市基础上加以改造利用，一部分则是新筑的。我们现在在西域地区能够看到的古城遗址，大多属于汉代以后。

由于地理、历史背景的原因，西域地区的城市具有许多不同于其他地区的特点，呈现出多种文化交融的色彩。可以说，西域古代城市是古代丝绸之路的基本支撑点，了解它们也就把握了丝绸之路历史文化的基本骨架。

《汉书·西域传上》称："楼兰国最在东垂，近汉，当白龙堆。"从今天的玉门关往西通往罗布泊的路上，有一大片风蚀土墩与风蚀凹地相间的雅丹地区，这就是古代所谓的白龙堆。

"自玉门、阳关出西域有两道：从鄯善傍南山北，波河西行至莎车，为南道，南道西逾葱岭则出大月氏、安息。自车师前王廷随北山，波河西行至疏勒，为北道，北道西逾葱岭则出大宛、康居、奄蔡焉。"[1] 这是汉代西域原来的两条道路，即丝绸之路南北道。"元始中（公元1-5年），车师后王国有新道，出五船北，通玉门关，往来差近，戊己校尉徐普欲开以省道里半，避白龙堆之厄。"[2] 正是由于白龙堆极其险厄难行，西汉末才一度想开辟新的路线，以避开白龙堆这个危险区域。《三国志》卷三十《魏书·乌丸鲜卑东夷传》注引《魏略》称：

> 从敦煌玉门关入西域，前有二道，今有三道。从玉门关西出，经婼羌转西，越葱岭，经县度，入大月氏，为南道。从玉门关西出，发都护井，回三陇沙北头，经居卢仓，从沙西井转西北，过龙堆，到故楼兰，转西诣龟兹，至葱岭，为中道。从玉门关西北出，经横坑，辟三陇沙及龙堆，出五船北，到车师界戊巳校尉所治高昌，转西与中道合龟兹，为新道。

[1]《汉书》卷九十六上《西域传上》。
[2] 同上。

避三陇沙和白龙堆的五船新道开辟以后，才形成了丝绸之路的南、北、中三道。

楼兰地当西域的孔道，战略地位重要。汉代通西域有南北两道，其分歧站在于楼兰，而非玉门、阳关。从楼兰故城往南，经鄯善，傍南山（昆仑山），过精绝、且末、于阗、莎车，从塔什库尔干一带，可通往中亚，以至于波斯，此为南道。从楼兰故城往东北行，从车师前王庭，傍天山，经焉耆、轮台、龟兹、疏勒，大抵从今新疆乌恰一带出葱岭，可通达费尔干纳盆地等处。[1] 正是由于楼兰地位的特殊重要性，因此才成为汉与匈奴两大势力竞相角逐的焦点。

太初元年（前104年），贰师将军李广利伐大宛，"自贰师将军伐大宛之后，西域震惧，多遣使来贡献。汉使西域者益得职。于是自敦煌西至盐泽，往往起亭，而轮台、渠犁皆有田卒数百人，置使者校尉领护，以给使外国者。"据《史记·大宛列传》，这是汉降大宛之后岁余，亦即天汉元年（前100年）发生的事。也就是说，从元狩二年到天汉元年的二十年时间里，汉王朝所设置的亭障系统就从令居以西，经酒泉、敦煌、玉门，向西一直延伸到了罗布泊一带。

楼兰进入历史记载，始于西汉前元四年（前176年）匈奴冒顿单于致汉文帝书信。书称：[2]

> 天所立匈奴大单于敬问皇帝无恙。前时皇帝言和亲事，称书意，合欢。汉边吏侵侮右贤王，右贤王不请，听后义卢侯难氏等计，与汉吏相距，绝二主之约，离兄弟之亲。皇帝让书再至，发使以书报，不来，汉使不至，汉以其故不和，邻国不附。今以小吏之败约故，罚右贤王，使之西求月氏击之。以天之福，吏卒良，马疆力，以夷灭月氏，尽斩杀降下之。定楼兰、乌孙、呼揭及其旁二十六国，皆以为匈奴。诸引弓之民，并为一家。北州已定，愿寝兵休士卒养马，除前事，复故约，以安边民，以应始古，使少者得成其长，老者安其处，世世平乐。

这段文字只记楼兰国名，并且可知从此时起，楼兰被纳入匈奴的势力范围之内。除此而外，再没有留下更多信息。在张骞通西域之后，关于楼兰的信息才开始丰富起来。《史记·大宛列传》称："楼兰、姑师邑有城郭，临盐泽。"[3] 说明至此到西汉武帝时期，楼兰已经筑城而居。

学术界大多将罗布泊西侧的 LA 遗址定为楼兰古城。该遗址是斯文·赫定于1901年最早发现的。1906年，斯坦因第一次考察，将其编号为 LA。城址大致呈方形，城周长为 1 316.5m，总面积 108 240m^2。东城墙长 333.5m，南城墙长 329m，西和北两面城墙

---

[1] 参王国维：《敦煌汉简跋》，载《观堂集林》第三册，中华书局，1959，第 861–863 页。
[2] 《史记》卷一百一十《匈奴列传》。《汉书》卷九十四上《匈奴传上》系冒顿致书汉文帝一事于前176年，《资治通鉴》则系于次年。
[3] 《史记》卷一百二十三《大宛列传》。

1 陈凌：《斯文赫定收集品的新刊楼兰文书》，《欧亚学刊》第五辑，中华书局，2005。
2 A. Stein, *Innermost Asia*, London: Oxford, 1928, vol.1, pp.233–235.
3 新疆文物考古研究所楼兰队：《楼兰城郊古墓群发掘简报》，《文物》1988年第7期，第23—29页。
4 穆舜英主编《中国新疆古代艺术》，新疆美术摄影出版社，1994，第107页，图版265、266。
5 新疆维吾尔自治区文物事业管理局等编《新疆文物古迹大观》，新疆美术摄影出版社，1999，第31页，图0022。
6 新疆楼兰考古队：《楼兰古城址调查与试掘简报》，《文物》1988年第7期，第20页。
7 《北史》卷九七《高昌传》。

各长327m。南、北城墙各有一缺口，东、西城墙中部也各有一个缺口，可能是城门。残存的城墙高1-6m，宽2.5-8.5m。城内有佛寺、官署和住宅。城中偏西南部有一处面积约2000m²的大院（LAII-III）。残存有较大的木构建筑和Ⅲ形的土坯建筑物，俗称"三间房"。通过对新刊布的斯文·赫定收集品的研究，我们认为著名《李柏文书》即出自LA。[1]这也就意味着，LA就是《李柏文书》中提到的海头。楼兰城称为海头，应该是与该城位于蒲昌海（即今罗布泊）西北有关。

斯坦因在土垠遗址西南不远处发现了一座汉代古城，编号LE城。它位于孔雀河下游支流铁板河末流河网地带，地处罗布泊北岸之西，西南距楼兰LA古城约24km。1980年，新疆考古研究所楼兰考察队也曾到此调查，谓之"方城"，以为是汉代居卢訾仓遗址。林梅村则认为，这座距离汉代烽燧线不远的古城就是人们一直寻找的楼兰国最早的都城——楼兰城。

由于地处丝绸之路孔道，楼兰的建筑装饰，以及出土的壁画、纺织品、钱币等大量文物，都从不同角度反映出东西方文化交光互影的特色。

20世纪初，英国学者斯坦因在新疆楼兰LC墓地发现过一件彩色缂织毛织物残片，上面残存半幅人脸和双蛇杖图案。可以推断图案所表现的为古希腊神话赫尔墨斯（Hermes）。斯坦因将该墓年代断为公元前1世纪至公元1世纪。[2]1980年，新疆文物考古研究所楼兰考察队对同一座墓葬进行彻底清理，发现汉武帝后期五铢钱、漆器和写有佉卢文的丝绸残片。碳14测定年代距今1880±50年，约东汉。[3]楼兰出土万字边几何纹缂罽、高台墓地东汉时期墓葬出土三叶花缂罽[4]、孤台墓地出土晕绷花卉缂罽，[5]也都是较为典型的西亚缂罽。1980年，楼兰古城还发现一枚贵霜王阎膏珍发行的钱币。钱币正面为国王立像，周缘有希腊文铭文，背面为手持三叉戟的骑骆驼神像。[6]而楼兰出土的大批佉卢文书采用典型的汉式简牍书写，则反映出汉文化深刻影响。

吐鲁番是新疆东部重镇，这里有高昌故城、交河故城两处重要的世界遗产。

高昌故城位于新疆吐鲁番盆地，行政上隶属今吐鲁番二堡乡，东距吐鲁番市45km（图12）。吐鲁番是古代高昌国所在。《北史》称："高昌者，车师前王之故地，汉之前部地也。东西二百里，南北五百里，四面多大山。……地多石碛，气候温暖，厥土良沃，谷麦一岁再熟，宜蚕，多五果，又饶漆。有草名羊刺，其上生蜜。而味甚佳。引水溉田。"[7]

高昌故城北为火焰山，古称赤石山。东西长约100km，南北宽10km，平均海拔400-500m。火焰山有桃儿沟、葡萄沟、吐峪沟、木头沟、胜金口、连木沁沟等，是火焰山南北的通道。吐峪沟、木头沟、胜金口、雅尔沟，在吐鲁番文书中称为丁谷、宁戎谷、新兴谷和西谷。高昌故城正位于火焰山南麓交通要道上。其西北为台藏塔和阿斯塔那古墓群，东北为胜金口石窟、柏孜克里克石窟，再东北则为吐峪沟石窟。西距交河故城约50km。

高昌故城分外城、内城、宫城三部分。1962年，阎文儒对高昌故城进行考察后，指出

图12 高昌故城与火焰山

外城"从残存的痕迹来看,西、南两面的城垣,比较完整,西垣有两个门,北端的门,还保存了曲折的瓮城;北、东两面的城垣,也可能有两个门;南垣有三个缺口,如果正中的缺口,也是门的遗迹,那么就是三个门了。"[1]按照阎先生的说法,高昌故城存在着9个门,即东、西、北垣各2个门,南垣3个门。根据对航空卫星图片的译解,外城东、西、南三垣至少有五个城门带瓮城,并且瓮城的形制各有不同。[2]

高昌出现城,应该是在魏晋时代以后。吐鲁番出土的《高昌延昌四十年(600年)供诸门及碑堂等处粮食帐》《高昌延寿十四年(637年)兵部差人往青阳门等处上现文书》等文书提到了高昌几处城门的名字。这些命名带有强烈的汉文化色彩,是汉文化阴阳五行说影响下的产物。高昌诸城门的命名提醒我们,高昌城布局很可能是受中原的影响,它的兴建最有可能是模仿中原的都城或河西的郡城。

吐鲁番地处丝绸之路要道,是东西方文明汇聚的一个中心区域。古代吐鲁番存在多种宗教,包括祆教、佛教、摩尼教、景教、道教、伊斯兰教等。

[1] 阎文儒:《吐鲁番的高昌故城》,《文物》1962年第7—8期。
[2] 刘建国:《新疆高昌、北庭古城的遥感探查》,《考古》1995年第8期,第748—753页。

1 格伦威德尔1906，第26—27页。
2 F. W. K. Müller, "Zwei Pfahlinschriften aus den Turfanfunden", APAW Phil.hist.Berlin 1915.
3 勒柯克：《新疆佛教艺术》上册，第128页。

高昌故城中的K遗址为摩尼教寺院，该寺院位于可汗堡以南。最早记录该遗址的是格伦威德尔。[1] 通过发现的遗物，勒柯克首先确认高昌故城中的K遗址为摩尼教寺院，并绘制了该组建筑的局部平面图。按勒柯克的报告，该寺院有高大的围墙，内部的建筑可以分为四个部分。北部为一组拱顶小房，东部为藏书室，中部为斋戒大厅，西部为拱顶大房。斯坦因则指出，该建筑群是围绕中央院子布局的，而西部大房建于较高的地面上，应是较重要的建筑。北部建筑主要为四间拱顶小房，左右各两间，对称排列。勒柯克在西面的房间外发现成捆摩尼教写本，一部分为粟特文，大部分为突厥文。在东北小房中，发现摩尼教壁画残片，蓝色背景，画一排像。据格伦威德尔的描述，这里原有上下两排站在马旁身穿铠甲的男子形象，人物高约60cm。上排墨线勾勒一个身着铠甲的男子，跪姿，身后为一群骑士组像。下排则基本被毁。东面是勒柯克称为藏书室的房子。藏书室东侧为一长廊，堆放各种摩尼教写本残片、绢画、幡画等。斋戒大厅位于寺院的中心位置，中厅西壁中间绘人物像，破坏严重，可以辨识出身着红、绿色衣服，坐于莲花座上。其北侧为头带三叉冠的摩尼教僧侣像，身着白衣，面向南侧，身后为数排较小人像。

在格伦威德尔编号为α的寺院里，也发现了与摩尼教相关的遗迹。格伦威德尔在α遗址编号为A的房间地面下，还发现了一个被掩埋的废墟。该废墟中有一根八面体的木柱，写满回鹘文。据穆勒解读，内容是关于一位回鹘王子和公主宣称信奉佛教，希望通过捐赠寺院以获功德。[2] 因此可以推断，α遗址原先可能也是一处摩尼教寺院，后来被改为佛教寺院。据勒柯克所述，在高昌故城的大寺遗址，也发现过摩尼教写本。[3]

高昌故城东北还有一处景教教堂，教堂中还绘有表现基督教"圣枝节"（Palm Sunday）内容的壁画。

高昌故城多种宗教并存的情况，充分展现了吐鲁番作为丝绸之路上一处重要城镇文化繁盛的历史（图13）。

佛教壁画

有回鹘文题词的摩尼教书卷残页

回鹘男供养人麻布幡

石雕佛塔

图13 高昌故城出土物

交河故城始见于《汉书》。《汉书》卷九十六下《西域传下》称："车师前国，王治交河城。河水分流绕城下，故号交河。"交河故城遗址位于吐鲁番西10km亚尔乡亚尔果勒村雅尔乃孜沟河床之间的台地上（图14）。台地两侧被二道沟和三道沟所环绕，台地高出河床近30m。台地形成于第二世纪末期喜马拉雅造山运动。台地崖壁近乎垂直，因而交河故城宛若孤岛耸峙。显然，交河故城的营建是充分制用了周边优越的天然地形条件。从高空观察，交河故城宛如戈壁绿洲之中的一艘航空母舰。

图14　交河故城城址鸟瞰

在交河故城以北、以西两侧隔岸的两处台地上，还有交河沟北、交河沟西两处重要的墓地。这两处墓地所埋葬的，主要是车师国至唐代交河及其周边的居民。

交河沟北墓地最重要的是 M01、M16 两座大墓。M01 周围有 15 座附葬墓和 22 座殉马坑；M16 有南北 2 座墓（M16①和 M16②），周围有 9 座附葬墓和 23 座殉马（驼）坑。墓地普遍存在着以马殉葬的习俗，个别的殉葬骆驼。在 55 座墓葬中，殉葬一匹或一匹以上马（驼）的墓葬有 17 座，约占墓葬总数的 31%。从墓葬的年代和形制推测，交河沟北 M16、M01 两座大墓应该是西汉中期至东汉早期车师国高级贵族的墓葬。交河沟北墓地出土的文物带有浓厚的草原文化因素，反映了吐鲁番和草原游牧民族之间密切的联系。

交河故城沟西墓地位于故城西侧，与故城隔沟相望，故称沟西墓地。它是故城沟南、北、西三处墓地中面积最大的一处。墓地平面略呈长条形，长约 4km、宽约 1.5km，面积约 6km^2。交河沟西墓地墓葬大致有两种类型，一为竖穴墓，一为斜坡墓道墓。据调查，台地上竖穴土坑墓约 130 座；晋唐时期坟茔 104 区，区内包含墓葬 1500 多座；非坟茔式的斜坡墓道墓 800 余座。[1]

从时间上看，竖穴土坑墓的年代较早，主要为汉晋时期墓葬；斜坡墓道墓则以高昌至唐西州时期墓葬为主。交河沟西两种类型的墓葬此前、此后似不见于吐鲁番地区，其出现或与突厥在高昌地区活动有关。这两种类型墓葬地表的形制与突厥普通墓葬的第一种类型石人石围墓完全相同，也与前期突厥大型贵族陵园的地表形制近似（但没有夯土台基）。因此，我们怀疑两者之间或存在关联，沟西墓葬的这种地表形态，应该不是从本地产生出来的，而很可能是渊源自于突厥，是将突厥石围墓地表形式与中原斜坡墓道有机组合在一起的产物。这种组合，正反映了高昌文化的复杂性，以及人们力图融合草原与中原两种因素的努力。[2]

2004 年发掘的沟西康氏茔院为我们提供了寓居于吐鲁番的粟特家族的一些宝贵信息。康氏家族茔院位于沟西墓地东南部，紧邻西侧的伊什果勒沟。茔院近长方形，东西现长 52.6m、南北宽 49.4m，茔院东北角被另一茔院打破，东围墙已被破坏，范围不明。值得注意的是，该茔院内虽然以斜坡墓道墓为主，但还杂有 3 座竖穴土坑墓。这些土坑墓与沟西台地上汉晋时期竖穴土坑墓形制相同，随葬品却与茔院内其他斜坡墓道墓所出相同，说明两者属于同一时代。康氏为中亚康国（又称飒秣建，今撒马尔罕）昭武九姓粟特人。粟特人一般信奉琐罗亚斯德教（Zoroastrianism），中国古代称为祆教。交河沟西康氏茔院中几处康氏家族成员的墓葬采用的并不是中亚祆教徒通行的葬式，而是将尸体放置在生土尸台上。而且墓葬的形态也采用了中原式的斜坡墓道墓。这一现象表明，这些康氏成员不再是祆教徒，并且已经高度汉化。康氏茔院展示了高昌郡时期交河作为丝绸之路重要城镇，不同来源居民宗教、文化融合的宝贵案例。

北庭是丝绸之路北道上重要的城镇。在汉初以前，吉木萨尔所处的天山东段地区是乌

---

[1] 王炳华：《交河沟西1994—1996年度考古发掘报告·前言》，载新疆文物考古研究所编《交河沟西1994—1996年度考古发掘报告》，新疆人民出版社，2001，第3页。

[2] 参陈凌：《吐鲁番交河沟西墓地突厥因素略论》，载《吐鲁番学研究——第三届吐鲁番学暨欧亚游牧民族的起源与迁徙国际学术研讨会论文集》，上海古籍出版社，2010。

孙人活动的区域。"至宣帝时，遣卫司马使护鄯善以西数国。及破姑师，未尽殄，分以为车师前后王及山北六国。时汉独护南道，未能尽并北道也。"汉宣帝时，击破姑师，从姑师分出车师前后王及山北六国。车师后王治务涂谷，务涂谷大体在今吉木萨尔一带。东汉和帝时，又有戊部候驻车师后部候城。此后，天山北麓东段区域迭经柔然、高车、突厥等游牧部落控制。突厥在此建可汗浮图城。贞观十四年（640年），唐平高昌。"初，西突厥遣其叶护屯兵于可汗浮图城，与高昌相影响，至是惧而来降，以其地为庭州。"[1] 唐置庭州，安置阿史那贺鲁部落。长安二年（702年），以庭州为北庭都护府。[2] 840年，回鹘西迁之后，北庭成为西州回鹘的都城。[3] 欧阳玄《高昌偰氏家传》称："北庭者，今别失八里城。"别失八里对应突厥语 Beshbaliq。

唐代的北庭古城遗址在今新疆吉木萨尔县北约12km的破城子。吉木萨尔位于天山山脉北麓东段，准噶尔盆地东南缘，东接奇台，西毗阜康，北越喀拉玛依勒岭可抵富蕴，南届博格达山与乌鲁木齐、吐鲁番为邻。从地理位置上看，吉木萨尔所处的位置非常重要，是控扼南北疆与东疆的关节点。

北庭古城遗址南依天山，北望沙漠。源出天山的长山沟在古城南约3km处分为东西两支，当地群众称为东、西坝河。东坝河在古城东墙外由南向北流经城东北转向西北流去，西坝河在古城西墙外约800m处自东南流向西北。

北庭故城平面呈不规则的长方形，南北长约1 666m，东西宽约959m，面积约1 304 092m^2，主要有三重城，即外城、内城和宫城。外城北墙中部以外还附加小城；城北还有一些羊马城。北庭故城不规则形态，是不同时期改建叠加的结果（图15、图16）。

唐代以前的游牧民族有自己的一套生活方式，和唐代中原的生活方式不一样。因此，城市的形态也必然有所不同。唐贞观十四年（640年），侯君集平定高昌以后，建伊、西、庭三州。既然是唐的州一级建置，城市的规制、功能、形态必然相应有所变化。也就是640年以前的北庭城和640年以后的北庭城是两种概念。王延德提到北庭城里有贞观十四年修建的太宁寺，这是640年以后北庭城面貌有较大改观的证据。

北庭在回鹘时期是夏都。王延德出使西域的时候有一段回鹘时期北庭城的描述。从他的说法可以看出来，回鹘人在北庭是半定居半游牧的。相应的，北庭城这个时候城市结构肯定也会有所变化。王延德《使高昌记》还有很多信息可以提取：

> 时四月，师子王避暑于北廷……地多马，王及王后、太子各养马，放牧平川中，弥亘百余里，以毛色分别为群，莫知其数。北廷川长广数千里，鹰鹞雕鹘之所生，多美草，不生花，砂鼠大如兔，鸷禽捕食之。其王遣人来言，择日以见使者，愿无讶其淹久。至七日，见其王及王子侍者，皆东向拜受赐。旁有持磬者击以节拜，王闻磬

[1] 《旧唐书》卷一九八《高昌传》。
[2] 《新唐书》卷四十《地理志四》。
[3] 参安部健夫：《西回鹘国史的研究》，宋肃瀛、刘美崧、徐伯夫译，新疆人民出版社，1985，第206—269页。

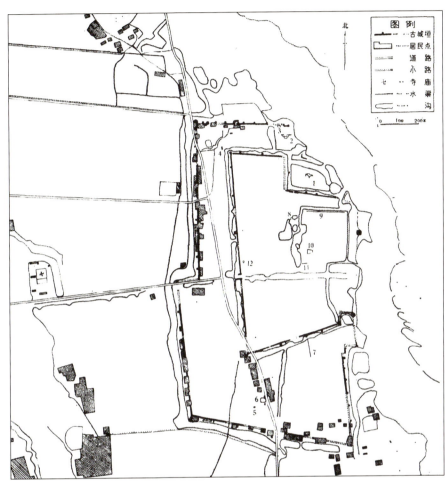

图15 北庭故城考古平面图

图16 北庭故城内城北门遗址

> 声乃拜，既而王之儿女亲属皆出，罗拜以受赐，遂张乐饮宴，为优
> 戏，至暮。明日泛舟于池中，池四面作鼓乐。又明日游佛寺，曰应
> 运太宁之寺，贞观十四年造。北廷北山中出硇砂，山中尝有烟气涌
> 起，无云雾，至夕光焰若炬火，照见禽鼠皆赤。采者著木底鞋取之，
> 皮者即焦。下有穴生青泥，出穴外即变为砂石，土人取以治皮。城
> 中多楼台卉木。人白皙端正，性工巧，善治金银铜铁为器及攻玉。

虽然作为回鹘的夏都，但根据王延德的描述，这时的北庭明显带有强烈的汉文化色彩。也就是说，回鹘时期的北庭是游牧文化和汉文化融合的混合体。

王延德说"明日泛舟于池中，池四面作鼓乐"，仔细读文献，可以知道他说的是在城里的情况。我曾经推测，北庭外城东墙在河东岸，部分河道被纳入了北庭城圈之内。更进一步，还可以推测当时河上有浮桥、水闸等设施。"泛舟于池中，池四面作鼓乐"的这个记载，还可以拿宋《金明池竞标图》来做比照。辽南京和金中都有一个共同的特点，就是把池苑引进城里，可以和北庭做比较。北庭城这种规划理念，是丝绸之路古代中心城镇合理利用水系的一个重要案例。

唐代在庭州还有几处守捉。《新唐书》卷四十《地理志四》"北庭大都护府"下：

> 自庭州西延城西六十里有沙钵城守捉，又有冯洛守捉；又八十
> 里有耶勒城守捉，又八十里有俱六城守捉，又百里至轮台县，又
> 百五十里有张堡城守捉，又渡里移得建河，七十里有乌宰守捉，又
> 渡白杨河，七十里有清镇军城，又渡叶叶河，七十里有叶河守捉，
> 又渡黑水，七十里有黑水守捉，又七十里有东林守捉，又七十里有
> 西林守捉；又经黄草泊、大漠、小碛，渡石漆河，逾车岭，至弓月城；
> 过思浑川、蛰失蜜城，渡伊丽河，一名帝帝河，至碎叶界；又西行
> 千里至碎叶城，水皆北流入碛及入夷播海。

学者们将在吉木萨尔现存的几处遗址比定为守捉遗址。这种以中心城镇为核心，周边辅以相应的信息传递和保卫体系的方式，展现了帝国管理和保障丝绸之路的基本架构。

龟兹地区是古代西域最重要的腹心地带，丝绸之路最繁盛的汉唐时代，龟兹始终扮演着特殊的重要角色。

龟兹地区北傍天山，南有塔里木河，毗邻塔克拉玛干大沙漠。从库车往北翻越天山，可抵伊犁地区。库车通伊犁的这条路是天山北麓古代游牧地区南下进入塔里木盆地的重要通道。而沿天山，傍塔里木河而行，即是自古以来丝绸之路最重要的通道之一。

龟兹位于丝绸之路北道的中心地带，因此成为匈奴控制西域的重点区域。《汉书·西域传》称："西域诸国大率土著，有城郭田畜，与匈奴、乌孙异俗，故皆役属匈奴。匈奴西边日逐王置僮仆都尉，使领西域，常居焉耆、危须、尉黎间，赋税诸国，取富给焉。"匈奴领西域的僮仆都尉居焉耆、危须、尉黎间，地理上与龟兹相邻近。

西汉时期，西域都护的职责是"督察乌孙、康居诸外国，动静有变以闻。可安辑，安辑之；可击，击之"。所辖范围包括塔里木盆地及葱岭以西、天山以北各国。西域都护府治所则设于乌垒，与龟兹相去不远。

东汉时，莎车衰落后，龟兹国一度崛兴，成为塔里木盆地的大国之一。《三国志》卷三十《魏书·乌丸鲜卑东夷传》注引《魏略》："中道西行尉梨国、危须国、山王国皆并属焉耆，姑墨国、温宿国、尉头国皆并属龟兹也。"

文献表明，西汉后期西域都护府已经迁移至龟兹它乾城。西域都护府从乌垒转移到它乾城，意味着帝国经营和管理丝绸之路的重心由东向西进一步推进了。

汉和帝永元三年（91年），"十二月，复置西域都护、骑都尉、戊巳校尉官。"[1]《后汉书》卷四十七《班超传》："明年，龟兹、姑墨、温宿皆降，乃以超为都护，徐幹为长史。拜白霸为龟兹王，遣司马姚光送之。超与光共胁龟兹废其王尤利多而立白霸，使光将尤利多还诣京师。超居龟兹它乾城，徐幹屯疏勒。"这些记载证明，东汉沿用了西汉后期的做法，仍将西域都护府设在它乾城。

由于龟兹地处西域的中心地带，是控扼西域的关键区域，因此唐王朝经营西域将龟兹作为一个重点。贞观十四年（640年）八月唐灭高昌国，九月置安西都护府于西州交河城（今新疆吐鲁番西交河故城），管理西域地区军政事务。贞观二十二年（648年），唐平龟兹；唐高宗显庆三年（658年）将安西都护府移至龟兹，设龟兹、焉耆、于阗、疏勒四镇。[2]龟兹此后即成为唐人概念中的国土。唐平龟兹，立四镇以后，在龟兹地区设置了一系列相应的军政机构，以强化对西域的控制，保障地区安全。《新唐书》卷四十三下《地理志七下》引贾耽《皇华四达记》载安西入西域道，称：

> 安西西出柘厥关，渡白马河，百八十里西入俱毗罗碛。经苦井，百二十里至俱毗罗城。又六十里至阿悉言城。又六十里至拔换城，一曰戍威城，曰姑墨州，南临思浑河。乃西北渡拨换河、中河，距思浑河百二十里，至小石城。又二十里至于阗境之胡芦河。又六十里至大石城，一曰于祝，曰温肃州。又西北三十里至粟楼烽。又四十里度拨达岭。又五十里至顿多城，乌孙所治赤山城也。又三十里渡真珠河，又西北渡乏驿岭，五十里渡雪海，又三十里至碎卜戍，傍碎卜水五十里至热海。又四十里至冻城，又百一十里至贺猎城，

1　《后汉书》卷四《和帝本纪》。
2　贞观二十三年（649年）阿史那社尔破龟兹，行军长史薛万备说于阗王伏阇信入朝。显庆三年（658年）唐平龟兹，置龟兹都督府，随后即将安西都护府迁至龟兹。显庆四年以石、米、史、大安、小安、曹、拔汗那、恺怛、疏勒、朱驹半等国置州县府。这些史实说明唐朝设立安西四镇应在显庆三年或四年。参张广达《唐灭高昌国后的西州形势》，载《西域史地丛稿初编》，上海古籍出版社，1995，第146–147页。

> 又三十里至叶支城，出谷至碎叶川口，八十里至裴罗将军城。又西二十里至碎叶城，城北有碎叶水，水北四十里有羯丹山，十姓可汗每立君长于此。

其中拨换河即今之托什干河，思浑河即今之阿克苏河。据前引《新唐书》卷四十《地理志四》"北庭大都护府"条下，自龟兹通往碎叶的道路是，从库车往西经拜城、阿克苏、温宿、乌什，出别迭里山口，沿伊塞克湖南岸往西，过裴罗将军城，即抵碎叶。唐玄奘西行求法所经行的正是这条道路。

从龟兹往西南方向，沿和田河往南，可抵于阗。贾耽《皇华四达记》又称：[1]

> 自拨换、碎叶西南渡浑河，百八十里有济浊馆，故和平铺也。又经故达干城，百二十里至谒者馆。又六十里至据史德城，龟兹境也，一曰郁头州，在赤河北岸孤石山。渡赤河，经岐山，三百四十里至葭芦馆。又经达漫城，百四十里至疏勒镇，南北西三面皆有山，城在水中。城东又有汉城，亦在滩上。赤河来自疏勒西葛罗岭，至城西分流，合于城东北，入据史德界。自拨换南而东，经昆岗，渡赤河，又西南经神山、睢阳、咸泊，又南经疏树，九百三十里至于阗镇城。

贾耽《皇华四达记》里所说的赤河即为今之塔里木河。

《新唐书》卷二二一上《西域传上·龟兹》：

> 龟兹，一曰丘兹，一曰屈兹，东距京师七千里而赢，自焉耆西南步二百里，度小山，经大河二，又步七百里乃至。横千里，纵六百里。土宜麻、麦、粳稻、蒲陶，出黄金。俗善歌乐，旁行书，贵浮图法。产子以木压首。俗断发齐顶，惟君不剪发。姓白氏。居伊逻庐城，北倚阿羯田山，亦曰白山，常有火。王以锦冒顶，锦袍、宝带。岁朔，斗羊马橐它七日，观胜负以卜岁盈耗云。葱岭以东俗喜淫，龟兹、于阗置女肆，征其钱。

阿羯田山即龟兹以北天山额什克巴什一段。阿羯一词源于突厥语 ak，意为白。越过阿羯田山即进入巴音布鲁克草原开都河流域。开都河即古之鹰娑川，为突厥重要的活动区域。龟兹毗邻突厥汗庭，因此与突厥的关系极为密切。

贞观十三年（640 年），唐太宗以侯君集为交河道行军大总管，次年平灭高昌。唐灭

[1] 《新唐书》卷四十三下《地理志七下》。

高昌后，以其地置西州，又置安西都护府。贞观二十二年（648年），唐军在对龟兹作战中取得巨大胜利，西突厥阿史那贺鲁归顺，唐以之为瑶池都督。高宗永徽二年（651年），阿史那贺鲁再叛，对伊、西、庭三州构成严重威胁。唐将迁到内地的高昌大姓送回西州，以前高昌王弟麹智湛接任安西都护、西州刺史，镇抚高昌故地。显庆二年（657年），唐伊丽道行军平灭阿史那贺鲁，西突厥平。为了进一步控制西部地区，显庆三年（658年），唐朝将安西都护府从西州迁往龟兹，而西州则升格为都督府，以麹智湛为西州都督。《旧唐书》卷三十八《地理志一》载："安西节度使抚宁西域，统龟兹、焉耆、于阗、疏勒四国，安西都护府治所在龟兹国城内，管戍兵二万四千人，马二千七百匹，衣赐六十二万匹段。"

古代龟兹国都城无疑是古龟兹地区最重要的中心城市。据《汉书》、《魏书》(《北史》)、《梁书》、《通典》可知，龟兹国都为延城，唐代时为伊逻卢城。延城在白山南一百七十至二百里左右，南距计戍水约三百里。延城有三重，"室屋壮丽"。

《水经注》卷二详载龟兹地区水系：[1]

> 其水又东南流，右注北河。北河又东经龟兹国南，又东，左合龟兹川水。有二源：西源出北大山南。……其水南流经赤沙山。……又出山东南流，枝水左派焉。又东南，水流三分，右二水俱东南流，注北河。东川水出龟兹东北，历赤沙、积梨南流。枝水右出，西南入龟兹城。

比照现代地图可知，龟兹川水当即今克孜尔河。木扎提河（西源）往东与南来的克孜尔河交汇后，往东南流即渭干河。渭干河在下游分为三支，最终汇流入塔里木河。东川水当即今库车河。库车河南出却勒塔格之后也一分为三，其中两支往东南方向，一支往西南方向流经今库车县城西。[2] 如果《水经注》这段记载准确的话，那么延城就应当在库车河最西面一支流的东面，也就是今库车县城左近一带。

皮朗古城，又名玛扎不坦古城，位于今库车中心城区新、老城区之间（地理坐标为北纬41°43'17.1"，东经82°56'41.9"，海拔1010m）。一般认为皮朗古城就是龟兹故城（图17）。

20世纪50年代，黄文弼曾在此考察发掘。20世纪90年代以后，又先后有过数次对龟兹故城城墙轮廓的勘察。当时大部分城垣还有墙基残存可循。近年来，龟兹故城破坏严重，城垣仅残存西北一段和西南一角较明显可见。城内的9座大土墩，保留较完全的剩下皮朗墩、萨克萨克墩、诺开墩等3座。此外，在城垣北面和西面，还分别有麻扎甫塘、墩买里两处古墓地。[3]

迄今为止，皮朗古城还没有进行大规模科学考古发掘。就已刊布的材料来看，还是提供了一些了解龟兹城的重要信息。

1　郦道元著：《水经注校证》，陈桥驿校证，中华书局，2007，第38-39页。此处引文标点略作改正。
2　新疆维吾尔自治区地图集编纂委员会：《新疆维吾尔自治区地图集》，中国地图出版社，2009，第144-145页、第150-151页。
3　黄文弼：《新疆考古发掘报告（1957-1958）》，文物出版社，1983，第54-61页；黄文弼：《略述龟兹都城问题》，《文物》1962年第7-8期；自治区文物普查办公室、阿克苏地区文物普查队：《阿克苏地区文物普查报告》，《新疆文物》1995年第4期。

图 17　龟兹故城遗址

皮朗古城城墙修筑马面，可能是受中原影响。城中佛寺遗址出土的遗物（瓦、柱础等），也说明其形制受中原影响。铜钱窖藏（哈拉墩）也表明，本地经济受唐朝影响。皮朗古城有以塔为中心的佛寺（萨克刹克土拉），表明城中有早期佛教寺院存在。皮朗古城居民情况复杂，既有汉人，也有西域胡人。皮朗古城既有不同人群，也有佛教、祆教（麻札甫塘）等不同宗教并存。

2007年，新疆库车县在友谊路地下街建设施工过程中发现一批古代墓葬。考古工作者共清理了10座墓葬，其中砖室墓7座、竖穴土坑墓2座、瓮棺葬1座。2010年，又清理5座砖室墓。[1] 其中，斜坡墓道单室墓平面呈"甲"字形，由斜坡墓道、墓门、甬道、墓室、耳室等部分组成，西向或南向。部分墓砖上还残存有红色和黄色彩绘纹样，说明墓室内原有彩绘。有的还有照壁，照墙上有砖雕的成排椽头、升斗、承兽等建筑雕饰和天鹿、四神、菱格纹、穿璧纹等雕砖图案。

斜坡墓道单室墓M3保存完好。M3墓道位于墓室西侧，墓道宽约170cm。墓门高133cm，为三层砖券，上面有照墙。照墙由青砖和土坯叠砌而成，正面为青砖，背面辅一层厚56cm左右的土坯。正面青砖上面有雕刻的两组共4排椽头、两升、承兽、四神及瑞兽等。天禄（鹿）等瑞兽纹砖雕、菱格纹、穿璧纹砖雕，与朱雀、玄武、青龙、白虎纹砖雕有序配置，承兽砖雕两侧下部还有两块獬豸纹的砖雕。

[1] 于志勇、吴勇、傅方明：《新疆库车县晋十六国时期砖室墓发掘》，载国家文物局主编《2007中国重要考古发现》，文物出版社，2008，第94页；新疆文物考古研究所、库车县文物局：《新疆库车县发现晋十六国时期汉式砖室墓》，《西域研究》2008年第1期，第137-138页；新疆文物考古研究所：《新疆库车友谊路魏晋十六国时期墓葬2007年发掘简报》，《文物》2013年第12期，第54页；田小红、吴勇：《新疆库车友谊路晋十六国砖室墓考古发掘新收获》，《中国文物报》2010年9月7日第一版；新疆文物考古研究所：《库车县友谊路魏晋十六国时期墓葬2010年度考古发掘简报》，《新疆文物》2013年第3-4期，第24-50页。

发掘者认为：友谊路发现的全部15座墓葬分布较为集中，墓葬规格较高，部分墓葬呈密集有序分布，墓向又多为南向，或西、东向，表明这里是一处规模较大的墓地，推测砖室墓葬群可能存在不同茔区的区划；墓葬所反映的丧葬文化受汉晋时期中原汉文化传统的直接影响，同时还有一些显著的地域特点；墓葬的主人有可能是长期居住在龟兹地区的汉地吏民、屯戍军吏或河西豪族移民，抑或就是深受传统汉晋文化影响下的龟兹国贵族墓葬。发掘者还认为："砖室墓的形制，与河南、陕西、山西、江苏、山东、甘肃、青海等地发现的晋十六国时期砖室墓非常相似，墓葬构筑方式、用材规格、砖雕风格等，与酒泉、嘉峪关的魏晋壁画墓、敦煌佛爷庙湾墓地、大通上孙家寨墓地等魏晋时期的墓葬极其相似。出土的部分遗物也与佛爷庙湾墓地、祁家湾墓地、酒泉及嘉峪关魏晋壁画墓、上孙家寨墓地等魏晋墓出土的器物相似或相同。墓葬的年代，应该与甘肃河西地区的晋墓相近，可推定为晋十六国时期，即3世纪后期至4世纪末前后，或者稍晚一些。"[1]

友谊路这批墓葬在库车属首次发现，意义十分重要。当然，关于这批墓葬的性质、年代等相关问题还可以进一步探讨。我们这里关心的是，无论其墓主为何人，这批墓葬都体现了中原文化的强烈影响。中原的墓葬形式、建筑特点进入龟兹地区高等级的墓葬之中，说明中原文化获得了高度的认同。

在古龟兹地区还有一处重要的城镇，即乌什喀特古城。乌什喀特古城位于新和县玉奇喀特乡玉奇喀特村西北1.5km。1928年，黄文弼曾经在此地调查，推断乌什喀特城为汉代遗址。[2] 近年，北京大学在该区域做了大量考古调查和钻探工作，获得了一些重要的进展。从考古钻探结果来看，乌什喀特古城有三重城墙。最外面一重城平面为不规则长方形，大致呈东西向，东西长1500m，南北宽800m，东、南、西三面残存低缓的墙垣，局部残高约3m。北墙已辟为农田。钻探还显示，外城城门位于东墙偏南处，建有瓮城。中间一重城平面近方形，城墙长、宽约350m，高2-4m，基宽10m左右，在北墙正中开门，门宽约8m。最内一重城平面呈近圆角方形，南北向坐落，城墙南北长100m，东西宽80m，残高约5m，门开在东北角。在最内一重城中已探明几处大型房址，中间一重城中则有数处大型高台建筑，可能和衙署有关。就规模而言，乌什喀特城是目前所知阿克苏地区最大的一处古代遗址。结合古城中的遗存情况，我们推测该遗址可能是汉魏时期龟兹最重要的一处中心城镇，或许就是文献中记载的它乾城，亦即是西汉晚期至东汉时期西域都护府所在地。1928年，黄文弼曾在此处获得两枚铜印，一枚为"汉归义羌长印"（图18），一枚为"李忠（崇）之印"。两枚铜印的内容和等级为确定该城的性质提供了重要信息。

碎叶（Sujab）在唐代西域史上地位极为重要，碎叶城一度为唐安西四镇之一，是唐朝统治西域的重镇。俄国著名东方学家巴托尔德认为，碎叶（Sujab）来自sui+波斯语ab（水，河流）[3]，还有学者认为其来自于突厥语su（水）+粟特语jab（小渠）。[4]

---

[1] 于志勇、吴勇、傅方明：《新疆库车县晋十六国时期砖室墓发掘》，载国家文物局主编《2007中国重要考古发现》，文物出版社，2008，第94页；新疆文物考古研究所、库车县文物局：《新疆库车县发现晋十六国时期汉式砖室墓》，《西域研究》2008年第1期，第137-138页；新疆文物考古研究所：《新疆库车友谊路魏晋十六国时期墓葬2007年发掘简报》，《文物》2013年第12期，第54页；新疆文物考古研究所：《库车县友谊路魏晋十六国时期墓葬2010年度考古发掘简报》，《新疆文物》2013年第3-4期，第24-50页。

[2] 黄文弼：《塔里木盆地考古记》，科学出版社，1958，第26页。在该区域曾经发现过一枚"汉归义羌长印"、一枚"李崇之印"（或认为应该是"李忠之印"）。笔者认为，持这一观点的学者可能没有仔细看过铜印原件）。学界对这两方印的出土地点存在争议。一说出自沙雅乌什喀特城，一说出自新和乌什喀特城。案：新和建县于1941年。1928年黄文弼调查新和乌什喀特城（于什格提）时，将其列在沙雅范围；而今沙雅的乌什喀特则称为羊达克沁大城。见黄文弼《塔里木盆地考古记》，第19-27页。

[3] V.V.Bartold. *Raboty Po Istoričeskoj geogfafi*. Moskva，2002，p.568.

[4] A.N.Bernštam, "Trudy Semirečenskoj arheologičeskoj ekspedicii 'Čujskaja dolina'" *Materialy I issledovanija po arheologii SSSR*, No.14, Moskva-Leningrad, 1950, C.22.

图 18 乌什喀特古城出土"汉归义羌长印"

玄奘《大唐西域记》卷一简略记载了碎叶城的方位和概况：

> 清池西北行五百余里，至素叶水城。城周六七里，诸国商胡杂居也。土宜糜、麦、蒲萄，林树稀疏。气序风寒，人衣毡褐。

这条记载中的清池又称热海，即今吉尔吉斯斯坦的伊塞克湖。

前面所引唐德宗贞元间（785–804 年）宰相贾耽所著《皇华四达记》中记载了从安西西行的天山南麓出拔达岭（今新疆别迭里山口）通碎叶的道路。玄奘西行求法所走的也正是这条道路。又《新唐书》卷四十《地理志》四"北庭大都护条"下则记载了天山以北从北庭（今新疆吉木萨尔破城子）通碎叶的另一条道路（见前引）。

9–11 世纪阿拉伯地理学家、波斯作家也提供了一些与碎叶相关的记载。其中所记的道路，大体可与汉文记载相印证。[1]

现代学界大多认为，碎叶古城位于今吉尔吉斯斯坦北部的托克玛克（Tokmok）西南 8km 阿克·贝希姆（Ak-Bešim）村附近，地理坐标东经 75°12′22″，北纬 42°48′10″。此地西距比什凯克（Biškek）约 60km，处于楚河流域上游。楚河（Čuriver），古代又译为素叶水（《大唐西域记》）、碎叶川（《新唐书·地理志七》、《新唐书·突厥传》）、细叶川（《新唐书·石国传》）、睢合水（《旧唐书·突厥传下》）、虽合水（《通典·边防典·突厥下》、《新唐书·突厥传下》、《资治通鉴》卷 195）、垂河（《元朝秘史》）。[2]

从更大的地理单元来看，碎叶处在中亚地区著名的七河流域最东端。七河流域，又作

---

[1] 参张广达：《碎叶城今地考》，载《西域史地丛稿初编》，上海古籍出版社，1995，第 5–10 页。

[2] 参考冯承钧原编、陆峻岭增订：《西域地名》，中华书局，1982，第 20 页。

谢米列契，系俄语 Semireč'e 一词的音译。现代中亚国家更多使用 Zhetisu 一词来指称七河流域。Zhetisu 作为地理名称出现于 19 世纪 40 年代，系由哈萨克语的 Zheti（七）+su（水或河）组合而成。这里的"七"表示多的意思，泛指这个区域以七条大河为中心的广阔流域。七河地区所囊括的范围在历史上并非一成不变，其范围的扩大与沙俄帝国的扩张密切相关。七河地区起初只包括东南流入巴尔喀什湖 (Balhaš) 的诸河流：伊犁河、喀拉塔勒河 (Qaratal)、阿克苏河 (Aqsu)、巴斯坎河 (Basqan)、列普斯河 (Lepsi)。随着沙俄帝国领土的不断扩大，陆续有一些地区也被相应地纳入七河地区范围，包括东起塔尔巴哈台 (Tarbaɣataj)，西至伊犁河，北自巴尔喀什湖南岸，南抵准噶尔阿拉套山 (Zhungarskij Alatau) 之间的辽阔地带。1854 年，以维尔内 (Vernyj) 为首府的谢米列契、谢米列契边疆区、谢米列契州等名称获得认可，被正式列入地名录。至此，七河地区的四至范围西迄阿雷斯河 (Ares)，东邻额尔齐斯河 (Ertis)，北接巴尔喀什湖，南抵天山，包括巴尔喀什湖以南以伊犁河流域为核心的众多流域，以及哈萨克斯坦南部和吉尔吉斯斯坦北部的楚河流域、塔拉斯河 (Talas river) 流域。七河流域主要由巴尔喀什湖盆地和楚河盆地组成，这两个盆地的平均高度为海拔 300-400m，最低点是楚河盆地。楚河盆地呈东西走向，长 200km，最宽处 80km，两边雪峰平均高度 3 700m，山里多温泉，谷地气候宜人。楚河流域东连伊塞克湖 (Issykul)，西接塔拉斯盆地，并可与费尔干纳 (Ferghana，又作拔汗那) 谷地相通。楚河流域是欧亚草原的重要通路。这里地势平坦，水草丰茂，自古就是游牧民族重要的活动区域之一。

19 世纪末，俄国学者、地理学家谢苗诺夫、瓦里汗诺夫等人对楚河流域地区进行了科学调查，而考古学家和东方学家也在此地进行了大量的调查研究工作。从苏联考古学家科热穆亚克 (P.N.Kožemjako) 绘制的楚河流域考古地图上看，仅带有城垣的古城就有 18 座之多，其中 13 座城位于南入楚河的支流上，而 3 座位于北入楚河的支流上。这些古城一般相距 10-14km，有的彼此间距离甚至不到 3km。阿克·贝希姆在这些遗址中居于东端，其东南则是布拉纳古城（巴拉沙衮）。布拉纳古城也被列入了申报丝绸之路世界文化遗产的第一批遗址之中。

对于碎叶城的方位，长期以来国际学术界一直存在争议。20 世纪 80 年代，阿克·贝希姆古城一个意外的发现使得这一争论近百年的公案最终尘埃落定。1982 年，当地一个水官 (mirab) 在伯恩施坦姆曾经发掘过的碎叶罗城佛寺遗址偶然发现一段汉式残碑，将其上交布拉纳博物馆。这块残碑后来移交吉尔吉斯斯坦首都比什凯克的斯拉夫大学。葛尔雅切娃（V.D. Gorjacheva）和皮列葛多娃（S.Ja. Peregudova）最先报道了这个重要发现，于 1996 年刊布了她们的研究成果。此碑是先后任过唐安西都护、安西副都护、碎叶镇压十姓使的杜怀宝，为其亡父母冥福造像碑基座。杜怀宝碑的发现，证明了阿克·贝希姆遗址是丝绸之路重镇之一的碎叶城（图 19、图 20）。

图19　阿克·贝希姆古城航拍

图20　阿克·贝希姆古城南墙遗址

唐贞观十四年（640年）八月平高昌，九月置安西都护府于西州交河城；贞观二十二年（648年），唐平龟兹。高宗永徽元年（650年），西突厥阿史那贺鲁叛，次年攻陷庭州金岭城与蒲类县。唐王朝将安西都护迁回西州。《旧唐书》卷五《高宗本纪》称："高宗嗣位，不欲广地劳人，复命有司弃龟兹等四镇，移安西依旧于西州。"这是第一次弃四镇。

高宗显庆二年（657年），唐平阿史那贺鲁，在西突厥旧地设立了昆陵、濛池两都护府，分立于碎叶川的东、西两侧。以阿史那弥射为左卫大将军、昆陵都护、兴昔亡可汗，押五咄陆部落；阿史那步真为右卫大将军、濛池都护、继往绝可汗，押五弩失毕部落。又让新任命的两位可汗和册命大臣光禄卿卢承庆按部落的大小、位望的高下授予归降各部酋长和刺史以下的官。

据《新唐书》卷四十三下《地理志七下》，唐朝在原西突厥统治的地界共设 23 个都督府：

1. 匐陵都督府，以处木昆部置。在今新疆塔城以东。

2. 嗢鹿州都督府，以突骑施索葛莫贺部置。在今伊犁河中游。

3. 洁山都督府，以突骑施阿利施部置。在今伊犁河以西七河流域地区。

4. 双河都督府，以摄舍提暾部置。在今新疆艾比湖以西，博尔塔拉河流域。

5. 鹰娑都督府，以鼠尼施处半部置。在今新疆焉耆裕勒都斯河流域。

6. 盐泊州都督府，以胡禄屋阙部置。在今新疆艾比湖以东至玛纳斯湖一带。

7. 阴山州都督府，以葛逻禄谋落部置。在今新疆塔城西南至阿拉湖一带。

8. 大漠州都督府，以葛逻禄炽俟部置。在今新疆额尔齐斯河以南至乌伦古湖一带。

9. 玄池州都督府，以葛逻禄踏实力部置。今斋桑泊一带。

10. 金附州都督府，析大漠州置。

11. 轮台州都督府，在今新疆尉犁县一带。

12. 金满州都督府，永徽五年（651年）以处月部落置为州，隶轮台。龙朔二年（662年）置都督府。在今新疆吉木萨尔一带。

13. 咽面州都督府。

14. 盐禄州都督府。

15. 哥系州都督府。

16. 孤舒州都督府。

17. 西盐州都督府。

18. 东盐州都督府。

19. 叱勒州都督府。

20. 迦瑟州都督府。

21. 凭洛州都督府。

22. 沙陀州都督府。

23. 答烂州都督府。

唐高宗乾陵石刻蕃臣像的衔名中，还提供了几个属于濛池都护辖下以五弩失毕部所置的都督府州：[1]

1. 千泉都督府，以西突厥阿悉吉泥孰部置。在今哈萨克斯坦江布尔一带。

2. 俱兰都督府，以西突厥阿悉吉阙部置。在今哈萨克斯坦吉尔吉斯山北。

3. 頡利州都督府，以西突厥拔塞干部置。在今吉尔吉斯斯坦伊塞克湖一带。

4. 碎叶州，今吉尔吉斯斯坦托克马克一带。

在实行这一系列举措的同时，唐王朝又置龟兹都督府。并于658年五月徙安西都护府于龟兹，以旧安西复为西州都督府，镇高昌故地。659年，设龟兹、于阗、焉耆、疏勒四镇。

从公元662年起，吐蕃开始在西域与唐王朝展开角逐。咸亨元年（670年），在吐蕃的进逼下，唐朝放弃四镇，将安西都护府撤回西州。"吐蕃陷西域十八州，又与于阗袭龟兹拨换城，陷之。罢龟兹、于阗、焉耆、疏勒四镇。辛亥，以右卫大将军薛仁贵为逻娑道行军大总管，左卫员外大将军阿史那道真、左卫将军郭待封副之，以讨吐蕃，且援送吐谷浑还故地。"[2] 这是唐朝第二次弃守四镇。

公元673年、674年，弓月、疏勒、于阗相继归唐。675年，唐以于阗为毗沙都督府，又在疏勒、焉耆设都督府，恢复了对南疆地区的控制。仪凤二年（677年），阿史那都支自号十姓可汗，与李遮匐煽动蕃落，侵逼安西。调露元年（679年），唐安抚大使裴行俭平定匐延都督阿史那都支。王方翼在碎叶水旁筑碎叶城，碎叶取代焉耆成为安西四镇之一。这是唐朝第三次设置四镇。从四镇的布局来看，碎叶、疏勒、于阗三镇一字排开，显然是为控扼整个五俟斤路。而安西都护府所在的龟兹则成为后方依托，焉耆以东的西州地区则构成唐朝经营西域的基地。《通典》卷一九〇"吐蕃"条："（郭元）振乃献疏曰：'国家非吝四镇，本置此以扼蕃国之尾，分蕃国之力，使不得并兵东侵。'"很好地说明了唐王朝四镇设置的战略意图。

垂拱二年（686），唐王朝主动放弃四镇，吐蕃随后大举进入西域，占据焉耆以西诸城堡。崔融《拔四镇议》称："吐蕃果骄，大入西域，焉耆以西城堡无不降下，遂长驱东向，逾高昌壁，历车师庭，侵常乐县界，断莫贺延碛，以临我敦煌。"[3]

长寿三年（694年），西州都督唐休璟上书请恢复四镇，武则天派王孝杰为武威军总管，与阿史那忠出兵征讨，大败吐蕃，一举收复碎叶、疏勒、于阗、疏勒四镇。时人称"于是金方静柝，玉塞清尘。十箭安氉幠之乡，四镇复飞泉之地[4]。"

7世纪末，原属西突厥五咄陆之一的突骑施兴起。《新唐书·突厥传》：

[1] 陈国灿：《唐乾陵石人像及其衔名的研究》，载《突厥与回纥历史论文选集》（上），中华书局，1987，第375–407页。
[2] 《资治通鉴》卷二〇一咸亨元年四月条。参《旧唐书》卷五《高宗本纪》、《新唐书》卷二一六上《吐蕃传》、《唐会要》卷十三《安西都护府》。
[3] 《全唐文》卷二一九崔融《拔四镇议》。
[4] 《张怀寂墓志铭》，录文见岑仲勉：《西突厥史料补阙与考证》，中华书局，1958，第62页。

> 突骑施乌质勒，西突厥别部也。自贺鲁破灭，二部可汗皆先入侍，虏无的君。乌质勒隶斛瑟罗，为莫贺达干。斛瑟罗政残，众不悦，而乌质勒能抚下，有威信，诸胡顺附，帐落浸盛，乃置二十都督，督兵各七千，屯碎叶西北。稍攻得碎叶，即徙其牙居之，谓碎叶川为大牙，弓月城、伊丽水为小牙，其地东邻北突厥，西诸胡，东直西、庭州，尽并斛瑟罗地。

乌质勒攻取碎叶的时间为公元703年，此时突骑施基本控制了原西突厥统治地区。

先天元年（712年），唐在北庭设伊西节度，碎叶归属伊西节度北庭都护辖下。开元四年（716年），唐玄宗以陕王嗣升遥领安西大都护，充河西道四镇诸蕃部落大使，副大使郭虔瓘。开元六年（718年），又任命汤嘉惠为四镇节度经略使。开元七年（719年），十姓可汗请居碎叶，安西节度使汤嘉惠请以焉耆备四镇。从此以后，安西四镇又变成龟兹、于阗、焉耆、疏勒。

安史之乱后，安西、北庭以及河西、陇右驻军大部内调，吐蕃乘虚陆续占领陇右、河西诸州，安西四镇与朝廷的通道中断。唐德宗建中二年（781年），四镇留守郭昕的表奏到达长安，朝廷又任命郭昕为安西大都护、四镇节度使。贞元五年（789年），高僧悟空回国途经疏勒镇，会见镇守使鲁阳；到于阗镇，见到镇守使郑据；到龟兹，见到四镇节度使、安西副大都护郭昕；到焉耆镇，会见镇守使杨日佑，说明这时安西四镇仍在唐军的控制之下。790年，吐蕃、葛逻禄攻陷北庭。次年，安西四镇尽陷。唐朝的势力退出西域。

9世纪中叶回鹘西迁，相继占有天山南北。10世纪，黑汗王朝建立，建都巴拉沙衮，碎叶的地位下降，逐渐沦于废弃。

关于碎叶城的营建和形制，汉文史料中只有很简略的记载。《新唐书》卷四十三下地理志七下称："碎叶城，调露元年，都护王方翼筑，四面十二门，为屈曲隐出伏没之状云。"《旧唐书》卷一八五上《王方翼传》："又筑碎叶镇城，立四面十二门，皆屈曲作隐伏出没之状，五旬而毕。西域诸胡竞来观之，因献方物。"又《新唐书》卷一一一《王方翼传》："方翼筑碎叶城，面三门，纡还多趣以诡出入，五旬毕。西域胡纵观，莫测其方略，悉献珍货。"汉文史料称王方翼五旬筑城而毕带有夸大的成分，实际上王方翼应是在碎叶旧城的基础上进行改扩建。

现存的阿克·贝希姆古城可分为大城和内城两部分。内城又由子城(šahristan)、宫城(citadel)和罗城(rabad)三部分组成。

考古资料说明，碎叶城和丝绸之路上多处古城一样，其建设和布局融合了游牧文化和农耕文化两方面的因素，同时还反映了居民的多样性和宗教的多样性（图21）。就宗教遗存而言，碎叶城中既有佛教寺院，也有祆教寺院、景教寺院，还有伊斯兰教寺院。

图21 阿克·贝希姆古城出土物
1.景教建筑群遗址出土陶壶 2.第二佛寺出土佛教饰品 3.纳骨器 4.纳骨器 5.佛教石碑残片 6.佛像螺髻残片 7.景教物品 8.汉字石碑座

碎叶古城一共发现3座佛寺，其中两座位于子城南垣外侧，一座位于罗城南段。其中一处，无论是雕塑还是建筑样式，都属于典型的中原式佛教寺院，学者大多认定这就是王方翼修建的大云寺。

阿克·贝希姆古城已经发掘的景教教堂有两处（图22、图23）。第一处教堂位于碎叶子城东垣以东165m处的土岗，第二处教堂位于子城东南角。第一处景教教堂由庭院、圣堂和侧室三部分组成。庭院位于最西侧，四周为回廊。庭院东接圣堂，圣堂平面呈折角十字形。教堂出土的遗物中有青铜十字架、突骑施钱币、乾元重宝等。在这处教堂墙基下、庭院内以及四周，共发现18座景教徒墓葬，时代早于教堂的建筑年代，可能是目前所知中亚最早的基督教徒墓地。第二处景教教堂发现了回鹘文题记和粟特文题写书名的经书残片。教堂之中还有一处中亚典型的葡萄酒作坊。

图22　阿克·贝希姆古城景教建筑遗址

图23　阿克·贝希姆古城景教建筑遗址局部

四、结语

强大帝国支撑是丝绸之路繁盛最根本的原因，但也不可否认，商人同样为丝绸之路经济和文化的繁盛起到了极为重要的推动作用，即使是草原地带也是如此。《大唐西域记》卷一："千泉西行百四十五里，至呾逻私城。城周八九里，诸国商胡杂居也。土宜气序，大同素叶。"从这个记载可以推知，呾逻私城是中亚一处重要的商贸集散地或中转站。从阿拉伯文献中，还可以找到不少这样的城镇。

土地肥沃，足以供养大量的人口，又恰处于东西方几条主要商路的交会点，[1] 造就了撒马尔罕的繁荣，成为中亚名城。按10世纪地理学家的描述，撒马尔罕的内城阿弗拉锡亚卜四门分别是：东门中国门、西门瑙贝哈尔门（或铁门）、南门布哈拉门（或乌斯鲁沙那门）、南门碣石门（或大门）。鉴于撒马尔罕城内城修筑于阿拉伯时期之前，[2] 有理由推测这几处城名可能在此之前就已经存在。阿弗拉锡亚卜的东门之所以命名为中国门，与丝绸之路繁盛的商贸往来不无关联。

阿拉伯文献记载，撒马尔罕城内城南门（即碣石门）上曾经嵌有一块不明何种文字铭文的铁板，虽然附会为希姆亚里文的说法不能成立，[3] 但至少从一个侧面说明了撒马尔罕文化的复杂多元。与此相类似，中亚、新疆、河西走廊，乃至于长安周边，地名的多样性也

1　巴托尔德：《蒙古入侵前的突厥斯坦》上册，张锡彤、张广达译，上海古籍出版社，2007，第99页。
2　同上书，第86页。
3　同上书，第102–103页。

与文化、民族的复杂多元有关。换而言之，丝绸之路沿线，包括城镇、山川、河流、谷道、村镇等的地名，往往透露了探求文化交往、民族迁移的蛛丝马迹。例如，长安醴泉县北有山名温宿岭，即与汉代温宿国人迁居有关。[1]

出于不同原因造成的人口迁移，也促成了丝绸之路不同之间文化的交流与融合。《大唐西域记》卷一载，从千泉"南行十余里有小孤城，三百余户，本中国人也，昔为突厥所掠，后遂鸠集同国，共保此城，于中宅居。衣裳去就，遂同突厥，言辞仪范，犹存本国。"寓居小孤城的中国人兼存汉与突厥两种文化成分，很好地诠释了丝绸之路上城镇的文化混融的特点。事实上，丝绸之路上更大规模的文化融合可能还是民族的迁移、融合，以及新民族的形成。这样的例子历史上数不胜数。民族构成的变化，必然带来相应的城镇文化面貌的变迁。通常情况下民族变迁、文化变迁是一个渐进而缓慢的过程。不同来源的文化在这个过程中互相推移、交融，你中有我，我中有你，难分彼此，也就不容易再从中剥离出某一种单纯的文化成分。这种情形在丝绸之路古代城镇中表现得尤其明显，也尤其能够彰显丝绸之路文化交光互影的历史魅力。

---

[1] 《汉书》卷六十六下《西域传下》"温宿国条"下颜师古注。

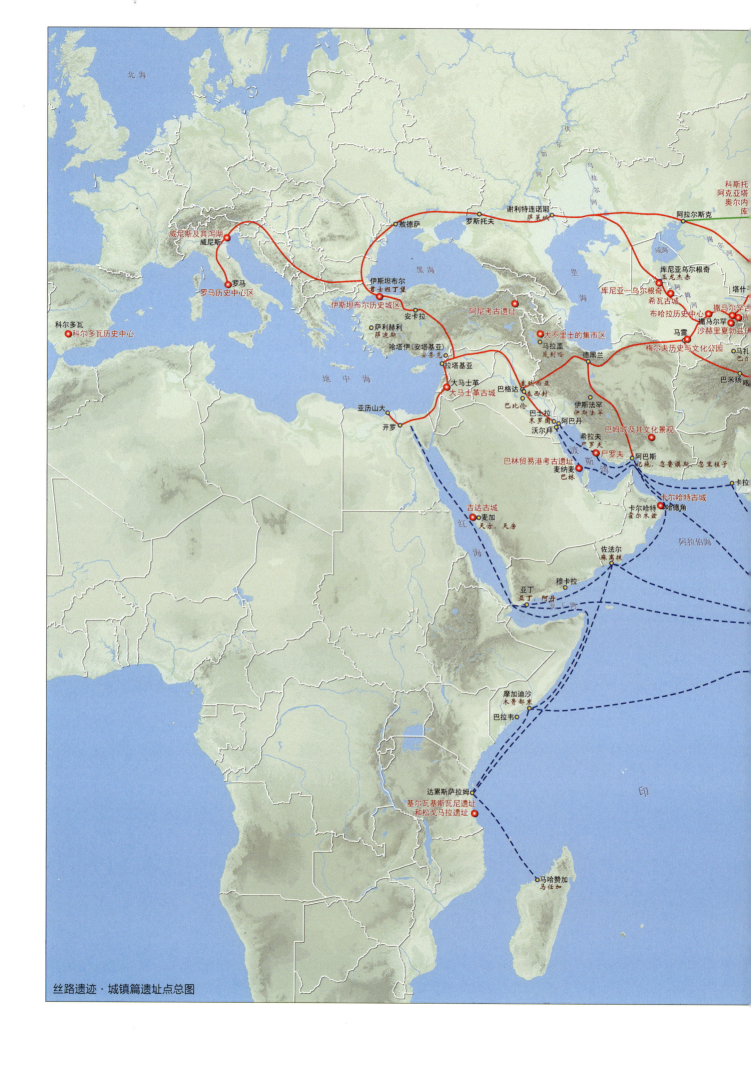

丝路遗迹·城镇篇遗址点总图

丝路遗迹·城镇篇遗址点总图

《丝路遗迹·城镇篇》遗址点总图说明

　　"丝绸之路"是一套沿用了约 18 个世纪的世界文明与文化交流的大动脉，交流内容以商业贸易、政治外交、宗教传播三大功能为主，交通路网则伴随着世界不同文明中心的兴衰关联及其使用功能而发生变更，呈现出错综复杂的历史性与共时性关联。故本书谨以中国朝代更替脉络为参考，依据丝绸之路的沙漠绿洲路线、草原路线、海上路线 3 条路线概念，结合使用情况，将交通路网切分为三个主要阶段：以公元前 2 世纪—公元 6 世纪（汉—南北朝时期）为第一阶段，以公元 7 世纪—13 世纪（唐宋时期）为第二阶段，以 13 世纪—16 世纪（元明时期）为第三阶段。路网的后续使用阶段包含了对前此路网路段的拓展、沿用与废弃等不同情况。受平面表达限制，本图仅以分色标示各阶段新辟路段。路网节点上的城市均采用今名，后附历史上的曾用名、分色标注。

　　路网绘制依据除本书研究成果之外，主要参考了《世界历史地图集》（张芝联、刘学荣编，中国地图出版社，2002 年）、《中国丝绸之路交通史》（交通部中国公路交通史编审委员会编，人民交通出版社，2000 年）、《丝绸之路考》（卞洪登，中国经济出版社，2007 年）、《泰晤士世界历史地图集》（杰弗里·巴勒克拉夫、理查德·奥弗里编，毛昭晰等译，希望出版社、新世纪出版社，2011 年）及陈凌提供的《秦汉时代丝绸之路路线示意图》等。

都城
含帝国、汗国、王国都城

汉长安城未央宫遗址
Site of Weiyang Palace in Chang'an City of the Western Han Dynasty

一、【事实性信息】

汉长安城位于黄河中游地区关中盆地，是公元前2—公元1世纪中华帝国西汉王朝的都城，属丝绸之路开拓时期东方的第一个起点城市。未央宫遗址是汉长安城都城的宫殿遗迹，位于城内西南隅，始建于公元前200年。

未央宫宫城平面近似正方形，面积4.8km²。宫城四面开宫门，城四隅建角楼。宫内有东西向和南北向的干道。主体宫殿建筑群前殿位于宫城中部略偏东，是建于同一台基上的一组高台建筑群。前殿以北为椒房殿、中央官署以及少府等皇室官署。宫城西南部为皇室池苑区，有沧池等遗存。宫城北部分布有皇室的文化性建筑天禄阁、石渠阁等。宫城西、南方为汉长安城西、南城墙，目前发现有直城门、章城门、西安门三座城门。此外还发现有城濠、城外道路等遗存。

二、【丝路关联和价值陈述】

汉长安城未央宫遗址以其留存至今的4.8km²的宏大的规模、方形的宫垣、居中的主殿、大型的高台建筑及其周边各类遗址，揭示了中华统一帝国早期曾借助营建大型城市形象彰显帝国权势的城市文化特色，展现了位于丝绸之路东端的亚洲东方文明发展水平。作为汉帝国权力中心，汉长安城未央宫是汉通西域的决策和指挥中心，见证了汉帝国积极寻求对话与交流、促成丝绸之路开辟的重要历史功绩，见证了汉长安城在丝绸之路发展历程中，兼具时间及空间上的双重起点价值。汉长安城未央宫遗址以沿用200余年的东方大帝国权力中心之地位，揭示了"丝绸之路"这一人类长距离交通和交流的文化线路之缘起，是丝路文化交流的重要保障。

参考文献：
State Administration of Cultural Heritage of the People's Republic of China, Ministry of Culture and Information of the Republic of Kazakhstan, Ministry of Culture and Tourism of the Kyrgyz Republic. Silk Roads: the Routes Network of Chang'an–Tianshan Corridor[M/OL]. http://whc.unesco.org/uploads/nominations/1442.pdf, 2020-07-29.

汉长安城未央宫遗址区位图

类型
古遗址
地点
陕西省西安市
遗存年代
公元前2世纪—公元1世纪
保护地位
世界遗产 全国重点文物保护单位
地理区位
东亚中原地区
政权-（统治）民族
中国（西）汉朝-汉族
丝路关联属性
曾是公元前2世纪—公元1世纪西汉都城宫殿、丝绸之路开拓时期第一个起点城市的政令中心。

图1-1 椒房殿遗址

图1-2 前殿遗址鸟瞰

图 1-3　少府遗址

图 1-4　直城门遗址鸟瞰

图 1-5　直城门北门道下排水渠遗址

图 1-6　中央官署遗址出土排水管道

图 1-7　椒房殿遗址出土"长乐未央"瓦当

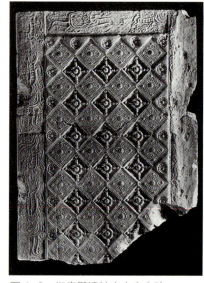

图 1-8　椒房殿遗址出土空心砖

科尔多瓦历史中心
Historic Centre of Cordoba

一、【事实性信息】

科尔多瓦（Córdoba）位于西班牙南部瓜达尔基维尔河畔，原为迦太基人建造的古城，公元前2—公元13世纪期间曾先后为罗马共和国巴提卡行省首府、科尔多瓦埃米尔国都城（8—10世纪）、科尔多瓦哈里发国都城（10—11世纪），与巴格达、君士坦丁堡并称阿拉伯世界三大文化中心，对东西方的文明与文化交流具有突出地位。科尔多瓦历史中心主要遗存为公元前2—公元13世纪。

科尔多瓦历史中心占地约80hm²，包括大清真寺周围的街道和土地，以及所有清真寺周围街区的房屋，主要遗存包括大清真寺、科尔多瓦王宫（Alcázar de los Reyes Cristianos）、古罗马桥、卡拉奥拉塔等。大清真寺是科尔多瓦哈里发王国不可替代的见证，是伊斯兰教最具象征意义的建筑之一。大清真寺于13世纪改建为基督教堂。

二、【丝路关联和价值陈述】

中世纪的科尔多瓦为欧洲规模最大和文化最发达的城市之一，被誉为"世界的宝石"。

参考文献：
UNESCO. Historic Centre of Cordoba[EB/OL]. http://whc.unesco.org/en/list/313/, 2020-07-29.
雷蒙德·卡尔. 西班牙史[M]. 上海：东方出版中心, 2009.
中国大百科全书数据库. 科尔多瓦[DB/OL]. http://h.bkzx.cn/item/214165, 2020-07-29.

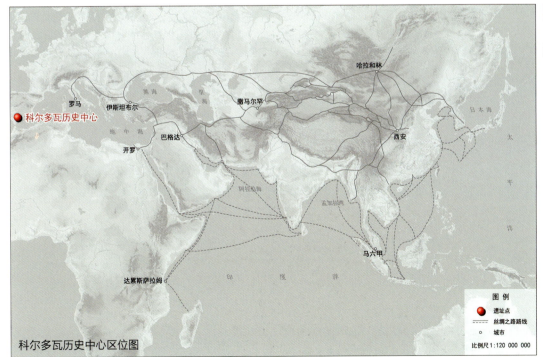

科尔多瓦历史中心区位图

类型
古遗址
地点
西班牙安达卢西亚自治区科尔多瓦省
遗存年代
公元前2世纪—公元13世纪
保护地位
世界遗产
地理区位
欧洲伊比利亚半岛
政权 -（统治）民族
罗马共和国 - 罗马人，西哥特王国 - 西哥特人，科尔多瓦埃米尔国 - 阿拉伯人，科尔多瓦哈里发国 - 阿拉伯人，卡斯提尔王国 - 西班牙人
丝路关联属性
中世纪的科尔多瓦为欧洲规模最大和文化最发达的城市之一，被誉为"世界的宝石"，与巴格达、君士坦丁堡并称阿拉伯世界三大文化中心。

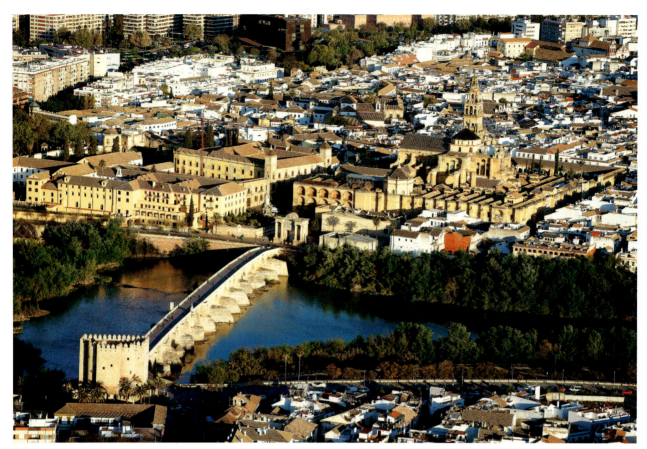

图 2-1　科尔多瓦历史中心鸟瞰

图 2-2　大清真寺内的柱厅

罗马历史中心区
Historic Center of Rome

一、【事实性信息】

罗马古城位于地中海地区亚平宁半岛中南部，是罗马人于公元前7—公元5世纪建立的城市，曾为罗马共和国、罗马帝国与西罗马帝国都城，属丝绸之路西段起点城市。罗马历史中心区（Historic Center of Rome）位于意大利罗马市并包括梵蒂冈教皇国全境，1980年作为文化遗产列入《世界遗产名录》，目前范围包括罗马城墙于17世纪所达到的最大范围以及城外的圣保罗大教堂（Basilica di San Paolo fuori le mura）。

据传说，罗马城由罗穆卢斯和瑞摩斯于公元前753年建于台伯河畔。罗马是意大利首都和最大的城市，也是文化和交通中心，约在公元前510年成为罗马共和国首都。公元前1世纪废除共和之后仍为罗马帝国首都。这时城市文化和建筑大为发展，兴建了许多神庙、教堂、廊柱、凯旋门、纪功柱和竞技场。4世纪时它又是西罗马帝国都城。756—1870年是教皇国首都。14—15世纪是欧洲文艺复兴的中心，艺术、建筑、文化和经济再次得到发展。1870年意大利王国统一后成为王国首都。

罗马历史中心区面积占现在罗马市的40%，是该市12个行政区之一，包括帕拉蒂诺、卡皮托利诺、埃斯奎利诺等7座山丘，南北长约6 200m，东西宽约3 500m，呈不规则状。著名建筑包括古罗马广场、图拉真广场、奥古斯都陵墓、哈德良陵墓、万神殿、马可·奥里利乌斯柱，以及罗马教皇的许多宗教和公共建筑。

二、【丝路关联和价值陈述】

罗马是丝绸之路西端。数个世纪以来，罗马的艺术杰作对世界城市规划、建筑、科技、艺术的发展起到重大影响。无论在世俗还是宗教方面，罗马对西方世界都具有深远影响，成为西方文化的重要根基，对欧洲近代文化的形成起了重大作用。

类型
古遗址
地点
意大利罗马
遗存年代
公元前1世纪—公元19世纪
保护地位
世界遗产
地理区位
南欧亚平宁半岛
政权-(统治)民族
罗马共和国、罗马帝国、西罗马帝国–罗马人，教皇国、意大利王国–意大利人
丝路关联属性
罗马是古代世界最大城市之一，丝绸之路西端重要节点。

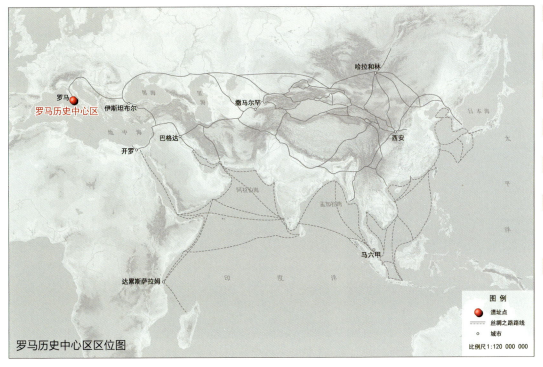

罗马历史中心区区位图　　比例尺1:120 000 000

参考文献：

UNESCO. Historic Centre of Rome, the Properties of the Holy See in that City Enjoying Extraterritorial Rights and San Paolo Fuori le Mura[EB/OL].[http://whc.unesco.org/en/list/](http://whc.unesco.org/en/list/603)91, 1990-01-01/2020-07-29.

中国大百科全书数据库. 罗马古城[DB/OL].http://h.bkzx.cn/item/219127, 2020-07-29.

IICC. 意大利罗马历史中心区、城内教庭管辖区和圣保罗大教堂[EB/OL].http://www.silkroads.org.cn/article-23041-1.html, 2020-07-29.

图 3-1　自天使堡俯瞰罗马城

图 3-2　古罗马广场

图 3-3　图拉真广场（局部）

图 3-4　古罗马斗兽场

图 3-5　万神殿

图 3-6　圣彼得大教堂

图 3-7　圣彼得广场

汉魏洛阳城遗址
Site of Luoyang City from the Eastern Han to Northern Wei Dynasty

一、【事实性信息】

汉魏洛阳城（Luoyang City from the Eastern Han to Northern Wei Dynasty）位于黄河中下游的洛阳盆地，是公元1—6世纪中华帝国东汉至魏晋时期的都城，属丝绸之路的东方起点城市。始建于公元25年（建武元年）。

遗址现存格局及遗迹以北魏时期为主，同时分布或叠压有西晋、曹魏、东汉以及更早时期的遗存。汉魏洛阳城东汉时期城市面积约$10km^2$，北魏时期扩展为三重城，面积近$80km^2$。东汉时期的城址呈南北纵长方形，城四周共12座城门，城内分布南、北两座宫城，占据大部分城内空间。曹魏及西晋时期原址沿用东汉城址。曹魏时期南宫已逐渐衰落甚至消失，仅存北宫；城内西北隅新建金墉城。北魏洛阳城继承并确立了曹魏以来不断探索的南北向城市轴线、单一宫制、外郭城制度、里坊制等城市形制，发展创新出具有重要影响力的城市形态，成为中国古代都城制度变革期的重要城址。北魏洛阳城包括宫城、内城、外郭城三重城。宫城位于内城中部偏北，现存阊阖门遗址、2号门址、3号门址、太极殿遗址等建筑遗址。阊阖门外有呈"T"字形排布的铜驼陌和铜驼街。其中南北向铜驼街为城市主干道，干道两侧布设官署建筑、太庙、太社、皇家寺院永宁寺等重要建筑。内城还有布局规整的东西向、南北向的城市道路构成城市的路网格局，主路网与内城城门连接并延伸出城外。内城西北角有军事设施金墉城。内城及外郭城内其他区域广设里坊，主要为居住区、手工业区、市场等。

二、【丝路关联和价值陈述】

汉魏洛阳城遗址见证了东汉至北魏历代中原王朝继承礼制传统、融合多元文化的文明与文化特征，特别见证了北魏时期游牧民族鲜卑族对农耕礼制文化的积极吸收、弘扬所促生的独特城市文化。北魏时期（5—6世纪）的内城、宫城、

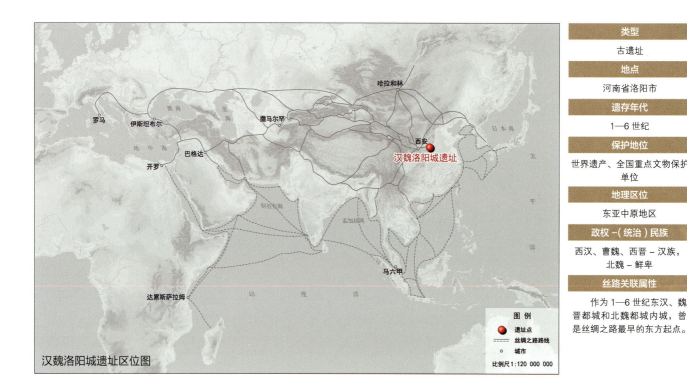

汉魏洛阳城遗址区位图

类型
古遗址
地点
河南省洛阳市
遗存年代
1—6 世纪
保护地位
世界遗产、全国重点文物保护单位
地理区位
东亚中原地区
政权-(统治)民族
西汉、曹魏、西晋－汉族，北魏－鲜卑
丝路关联属性
作为1—6世纪东汉、魏晋都城和北魏都城内城，曾是丝绸之路最早的东方起点。

铜驼街、永宁寺等各类遗存及其构成的南北向城市轴线、单一宫制、里坊制等城市形制和格局特征，展现出中原、江南及中亚地区城市文化的交流，其以礼制思想为指导的城市形态还对其后中国古代都城形制的发展产生了显著影响。永宁寺遗址等佛教遗存展现了佛教及佛教建筑在中原地区的传播及本土化的过程。

参考文献：
State Administration of Cultural Heritage of the People's Republic of China, Ministry of Culture and Information of the Republic of Kazakhstan, Ministry of Culture and Tourism of the Kyrgyz Republic. Silk Roads: the Routes Network of Chang'an-Tianshan Corridor[M/OL]. http://whc.unesco.org/uploads/nominations/1442.pdf, 2020-07-29.

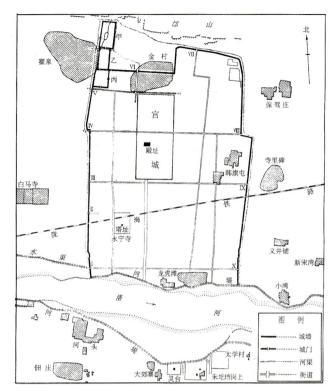

图 4-1 汉魏洛阳城遗址考古平面图

图 4-2 宫城遗址鸟瞰

图 4-3　内城东北城墙

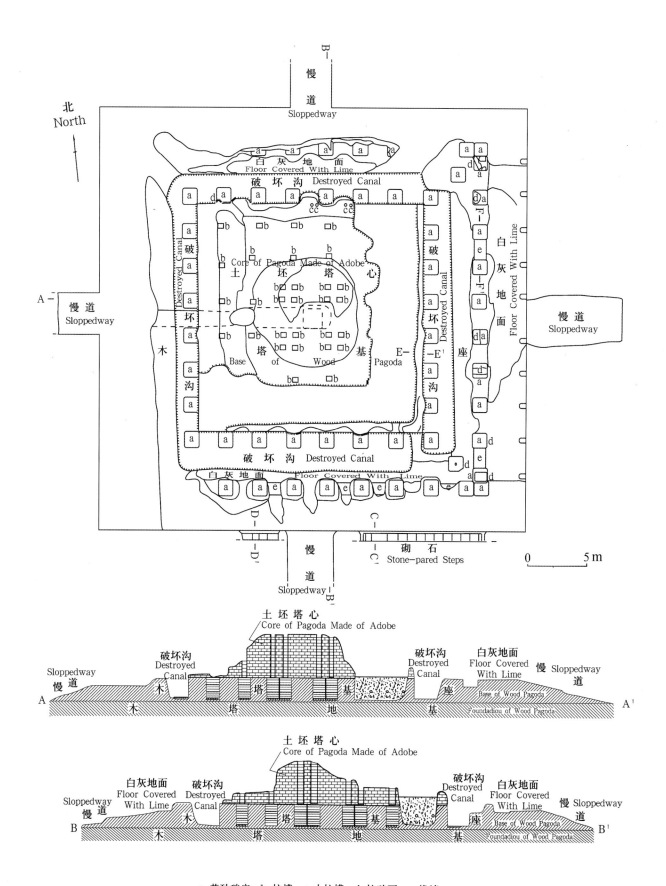

图 4-4　永宁寺塔遗址考古平剖面图

图 4-5　永宁寺塔基遗址

图 4-6　内城北城墙

图 4-7　铜驼街石板路面遗址

图 4-8　官署建筑遗址（1号房址）出土兽面纹砖

图 4-9　西外郭城出土北魏仿波斯风格釉陶盏

邺城遗址
Site of Yecheng City

一、【事实性信息】

邺城（Yecheng City）位于中国华北平原，公元 3—6 世纪期间曾先后作为中华帝国的曹魏、后赵、冉魏、前燕、东魏、北齐六朝都城，属丝绸之路的重要节点城市。遗址地处河北省临漳县西南约 20km，建于 204 年。

邺城遗址由毗连的邺北城和邺南城组成，总面积约 15km²，漳河自西向东贯流两城之间。邺北城（曹魏邺城）平面大致呈长方形，东西 2 400—2 620m，南北 1 700m，有 7 座城门。城内的东西大道将城分为南北两区，北区中央为宫殿区，西为苑囿和三台（金虎台、冰井台、铜爵台），东为贵族居住区；南区为一般衙署和居民区。城址中间的中阳门大道，正对宫殿区的主要宫殿，形成中轴线，并与凤阳门大道、广阳门大道平行对称。邺北城主要遗存包括城墙、城门、道路、建筑基址、三座高台基址，目前地表仅存铜爵台、金虎台基址，同时也是邺城遗址唯一的地表遗存。出土器物以板瓦、筒瓦、瓦当、建筑构件、石刻文字为主。

邺南城（东魏北齐邺城）平面呈长方形，东西 2 800m，南北 3 460m，有 14 座城门，护城河环绕。城中部的南北大街是全城的中轴线，全城的城门、道路、主要建筑等呈较严格的中轴对称布局。纵横的街道垂直交错，道路呈棋盘分布。邺南城主要遗存包括城墙、城门、马面、城濠、道路、宫城和宫殿基址、佛寺遗址等。出土器物以砖、板瓦、筒瓦、瓦当、建筑构件、佛像等为主。

二、【丝路关联和价值陈述】

魏晋南北朝时，邺城经济和手工业发达、文化繁荣、佛教昌盛，长期作为中国北方和丝绸之路东端的经济、文化和佛教传播中心之一。早在 4 世纪，邺城已是粟特胡商重要据点。至 6 世纪中叶，邺城作为东魏和北齐的都城，聚集了一些胡人伎乐，居住着一定数量的粟特胡人史籍中记载了如西域聘使出入邺城、献佛经和珍奇方物，西域高僧佛图澄、慧嵩等在邺城传法，邺城宫廷中的胡人伎乐等人物和事件，直接见证了当时以邺城为中心的中原地区与西域诸国的物质、文化交流。

参考文献：
（中国社会科学院考古研究所，河北省文物研究所）邺城考古工作队 . 河北临漳邺北城遗址勘探发掘简报 [J]. 考古，1990（7）：595-600.
（中国社会科学院考古研究所，河北省文物研究所）邺城考古工作队 . 河北临漳邺南城遗址勘探与发掘 [J]. 考古，1997（3）：27-32.
中国社会科学院考古研究所，河北省文物研究所，河北省临漳县文物旅游局 . 邺城考古发现与研究 [M]. 北京：文物出版社，2014.
牛润珍 . 古都邺城研究：中世纪东亚都城制度探源 [M]. 北京：中华书局，2015.
毛阳光 . 河南安阳新出《安新墓志》所见北朝末至隋唐之际邺城的粟特人 [J]. 考古研究，2019：239-251.

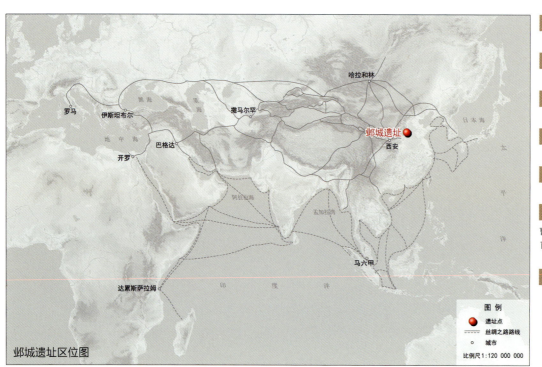

邺城遗址区位图

类型
古遗址
地点
河北省临漳县
遗存年代
3—6 世纪
保护地位
全国重点文物保护单位
地理区位
东亚中原地区
民族 / 族群 / 政权 / 国别
曹魏、冉魏 – 汉族，后赵 – 羯，前燕 – 鲜卑，东魏、北齐 – 鲜卑、汉族
丝路关联属性
作为 3—6 世纪曹魏、后赵、冉魏、前燕、东魏、北齐六朝都城，曾是魏晋南北朝时期丝绸之路东端的重要政治、经济、文化中心。

都城 059

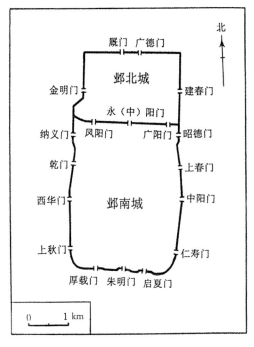

图 5-1 邺北城与邺南城平面关系复原示意图

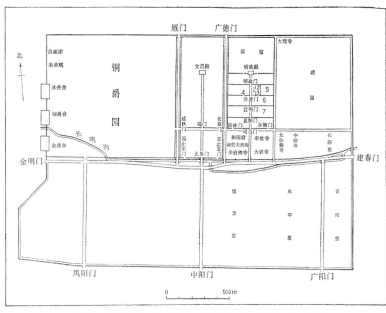

1.听政阁 2.纳言阁 3.崇礼台 4.顺德门 5.尚书台 6.内医署
7.谒者台阁、符节台阁、御史台阁

图 5-2 曹魏邺城平面复原示意图

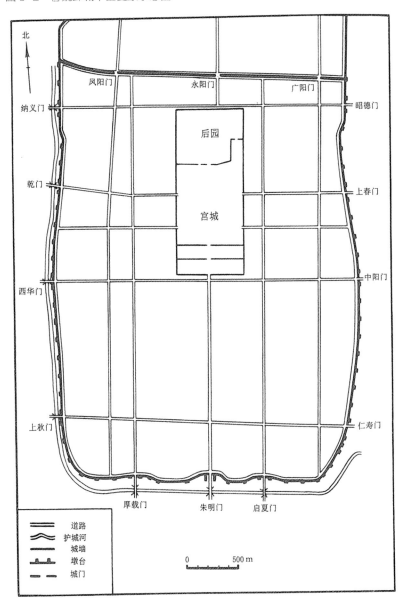

图 5-3 东魏北齐邺南城平面复原示意图

图 5-4　邺城遗址地下潜伏城门发掘现场

图 5-5　金虎台遗址

图 5-6　朱明门遗址全景（南向北）

图 5-7　邺城遗址核桃园 1 号塔址全景（俯视）

图 5-8　邺城遗址北吴庄佛教造像埋藏坑出土造像

伊斯坦布尔历史城区
Historic Areas of Istanbul

一、【事实性信息】

伊斯坦布尔原名君士坦丁堡,位于欧洲与亚洲交接的小亚细亚地区,由希腊人兴建于公元前6世纪,公元4世纪由罗马人营建为东罗马帝国首都,公元15世纪后成为奥斯曼土耳其帝国都城;属丝绸之路横跨亚欧大陆的重要枢纽城市。

伊斯坦布尔历史城区(Historic Areas of Istanbul)作为世界文化遗产,集中保存了古罗马时期的君士坦丁堡竞技场、6世纪的哈吉亚·索菲亚教堂和16世纪的苏莱曼清真寺等不同时代的伟大建筑遗存。

二、【丝路关联和价值陈述】

伊斯坦布尔是联络欧亚交通的桥梁和纽带,商业发达,各种文化在此广泛交流并相互影响。数个世纪以来,伊斯坦布尔一直是地中海东部政治、文化和经济中心。

参考文献:
UNESCO. Historic Areas of Istanbul [EB/OL]. http://whc.unesco.org/en/list/356, 2020-07-29.

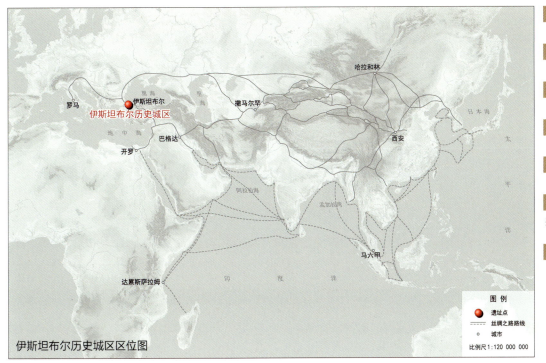

伊斯坦布尔历史城区区位图

类型
古遗址
地点
土耳其伊斯坦布尔省
遗存年代
4—19世纪
保护地位
世界遗产
地理区位
小亚细亚
政权-(统治)民族
拜占庭帝国-罗马人、奥斯曼帝国-土耳其人
丝路关联属性
欧亚十字路口的重要区位和东罗马帝国的首都,是丝绸之路西端最重要的枢纽城市之一。

图 6-1　伊斯坦布尔港口

图 6-2　东罗马时期城墙

图 6-3　东罗马时期输水道

图 6-4　圣索菲亚大教堂

图 6-5　苏莱曼清真寺

平城遗址
Site of Pingcheng City

一、【事实性信息】

平城（Pingcheng City）位于中国北方大同盆地，是中国北方民族鲜卑拓跋氏于公元5世纪建立的中华帝国北魏王朝早期都城，属丝绸之路东段的重要节点城市。遗址使用时间自公元398年（天兴元年）北魏道武帝建都于平城，至494年（太和十八年）孝文帝迁都洛阳止。

平城分宫城、外城和郭城三部分。宫城居中，城内发现大型夯土建筑基址和建筑材料，外城与郭城主要位于宫城南面，外城有城垣遗存，墙残高5.2m。20世纪90年代，在郭城南郊发掘出北魏明堂辟雍遗址，遗址中心为一方形夯土台基，边长42m，四周有条石构筑环形水道（辟雍），环形水道外径约110m，水渠四方各辟一门，建造工艺考究，是北魏平城的重要礼制建筑。城外分布规模宏大的墓群，已发掘的重要墓葬有方山永固陵、司马金龙墓、元淑墓等。北魏平城出土了大型石础、筒瓦、瓦当等建筑构件，还出土过八曲银流、刻画银碗等具有伊朗萨珊王朝金银器特征的遗物。

二、【丝路关联和价值陈述】

平城是当时北方的经济、政治、文化中心。随着拓跋鲜卑的逐步扩张，长期拥塞的陆上丝绸之路重开，西域、海东诸国与北魏的使节、僧人频繁来往，留下了以云冈石窟为突出代表的一系列反映中西文化交融的遗存，展现了丝绸之路对平城时代的经济、宗教、文化、艺术等方面产生的直接而深远的影响，使平城成为公元5世纪丝绸之路东端的国际大都市。

参考文献：
中国考古学大辞典[M].上海：上海辞书出版社，2014:438.
中国文物学会专家委员会.中国文物大辞典（下）[M].北京：中央编译出版社，2008:1032.
王银田.丝绸之路与北魏平城[J].暨南学报（哲学社会科学版），2014（1）.

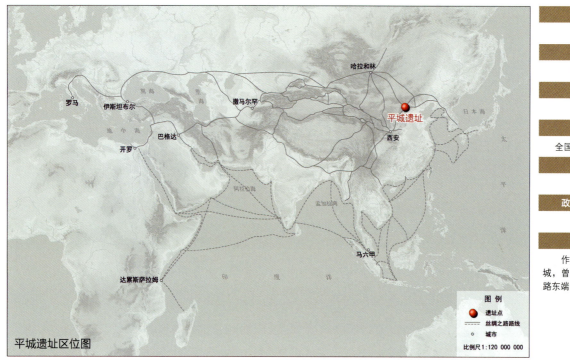

平城遗址区位图

类型
古遗址
地点
山西省大同市
遗存年代
5世纪
保护地位
全国重点文物保护单位
地理区位
东亚中原地区
政权 -（统治）民族
北魏 – 鲜卑
丝路关联属性
作为北魏拓跋氏早期都城，曾是5世纪陆上丝绸之路东端的重要都城。

图 7-1 操场城北魏 1 号建筑基址

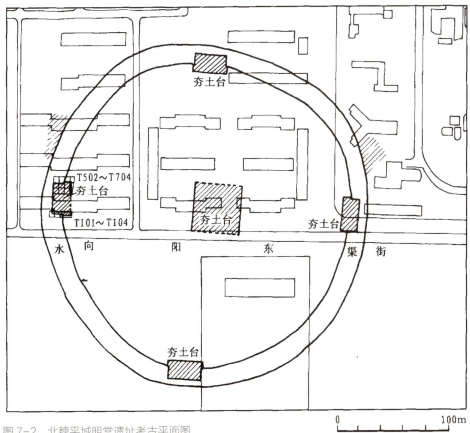

图 7-2 北魏平城明堂遗址考古平面图

图 7-3　波斯银盘

图 7-4　玻璃碗

图 7-5　人面纹装饰瓦

图 7-6　胡人杂技俑

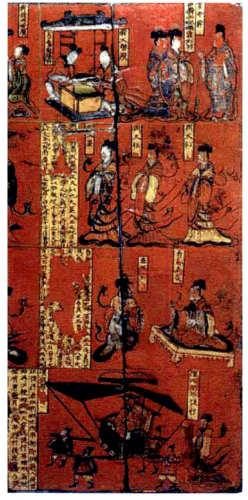
图 7-7　木板漆画

隋唐洛阳城遗址
Site of Luoyang City from the Sui to Tang Dynasty

一、【事实性信息】

隋唐洛阳城（Luoyang City from the Sui to Tang Dynasty）是公元7—10世纪中华帝国于洛阳盆地先后建立的隋、唐两朝都城，是丝绸之路鼎盛时期的东方起点。始建于605年（隋大业元年）。

隋唐洛阳城遗址包括城址、西苑遗址以及分布期间的水运水利遗址。城址处于黄河流域伊洛河冲积平原上，平面呈南宽北窄的梯形，坐北朝南，城垣全部为夯土筑成，东墙长7 312m，南墙长7 290m，西墙长6 776m，北墙长6 138m，周长27.52km；占地面积约47km²。遗址遗迹按照类型可分为城垣、宫垣、城门、宫门、宫殿、建筑、园林、砖窑、仓窖、街道及水运、水利工程等。现存遗址遗迹大多分布于地下，仅少量城垣遗址出露地表。

定鼎门是隋唐洛阳城外郭城正南门，位于洛阳城城市轴线的最南端，南对伊阙（龙门山），始建于隋代（7世纪），称建国门，唐代改称定鼎门，并一直沿用至北宋，其间多有重修。唐代定鼎门遗址的主体墩台东西长44.5m，南北宽21.04m。墩台内以两道隔墙分隔成三个门道，墩台四周包砖。此外还有飞廊、阙台、马道和涵洞等遗存。门址东西两侧与洛阳城外郭城城墙遗址相接。门址以北为唐代洛阳城的城市轴线干道——天街，宽约109m。天街东、西两侧分布有洛阳城市两处里坊遗址——明教坊和宁人坊。定鼎门门址南侧发现有唐代路面，存有人的脚印、动物蹄印和车辙等遗迹。

"西苑"是隋唐时期东都洛阳的皇家禁苑，分布在皇城西墙以西的山水之间。西苑遗址由隋唐东都西苑的遗址遗迹组成。

水运设施遗址由隋唐大运河的国家漕运水系与仓储设施遗址遗迹组成，水利设施遗址由洛阳城市的水利设施遗址遗迹组成。

隋唐洛阳城遗址出土的可移动文物主要出土于隋唐洛阳墓葬和城址的里坊区，共计3万余件，主要包括4 000多方墓志、陪葬品、生活用品与建筑构件4类，材质主要涉及金、银、铜、陶、瓷、玉、砖、石等。

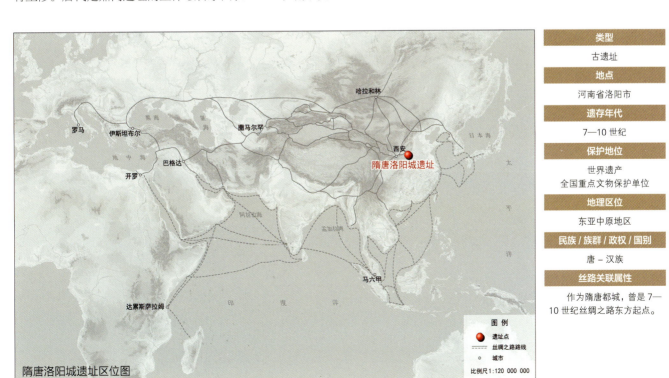

隋唐洛阳城遗址区位图

类型
古遗址
地点
河南省洛阳市
遗存年代
7—10世纪
保护地位
世界遗产 全国重点文物保护单位
地理区位
东亚中原地区
民族/族群/政权/国别
唐－汉族
丝路关联属性
作为隋唐都城，曾是7—10世纪丝绸之路东方起点。

二、【丝路关联和价值陈述】

隋唐洛阳城是中华文明史上帝国时期的重要古都,是隋唐大运河的兴建起点与枢纽城市,7—10世纪曾与隋大兴、唐长安城交替作为全国政治、文化和经济中心或副中心,在世界范围,特别是东亚地区的文明发展史上产生过显著影响。隋唐洛阳城见证了东方农耕文明发展鼎盛时期帝国的文明水平,展现了唐代都城城市文化的礼制特征及其影响力,并与丝绸之路上繁盛的商贸往来具有密切关联。

参考文献:
中国建筑设计研究院建筑历史研究所《隋唐洛阳城遗址保护总体规划》项目内部资料.

图 8-1 定鼎门门址全景鸟瞰

图 8-2 定鼎门门址

图 8-3 定鼎门门址南侧发现的密布足印与车辙印的路面

图 8-4　应天门东阙遗址

图 8-5　含元殿圆形建筑基址

图 8-6　城墙下石砌涵道

图8-7 定鼎门遗址出土器物
1. 胡俑 2. 镏金铜佛 3. 石刻造像 4. 陶坐俑 5. 石刻造像 6. 陶俑 7. 陶俑

唐长安城大明宫遗址
Site of Daming Palace in Chang'an City of the Tang Dynasty

一、【事实性信息】

唐长安城位于黄河中游地区关中盆地，是公元7—10世纪中华帝国唐朝的都城，属丝绸之路鼎盛时期的东方起点城市。大明宫遗址作为唐长安城主要宫殿的遗存之一，坐落于今陕西省西安市北部的龙首原上，地处唐长安城东北，南倚唐长安城北墙而建。始建于634年（唐贞观八年），未成而止；662年（龙朔二年）重建，次年建成。

考古探明遗址总面积3.42km²，平面略呈南北长方形，北半部平面呈梯形，南半部为横长方形。大明宫南开3门，西开2门，东开1门，北开3门。城东、北、西三侧宫城外建有夹城，东南侧建东内苑。宫内自南至北分为朝区、寝区、后苑三部分。大明宫中轴最南端正门为丹凤门，门以北经御道至宫城"前朝"正殿含元殿，殿北为"中朝"宣政殿及"内朝"紫宸殿。再北为寝区，中轴线上建寝殿蓬莱殿。最北为后苑区，建太液池及蓬莱山。太液池以西建麟德殿，是宫内宴会和非正式接见外国使臣的便殿。宫内轴线两侧还有官署及其他别殿、亭、观等建筑。

二、【丝路关联和价值陈述】

唐长安城大明宫遗址以中轴对称的宫殿整体格局、规模宏大的宫殿建筑群遗存展现出明确礼制特征，见证了中国唐代农耕文明鼎盛时期的发展水平以及唐王朝开放、包容的文化特征。唐长安城大明宫是唐代帝王长住的主要宫殿，是唐王朝最主要的权力中心。据《旧唐书》《新唐书》等文献记载，唐王朝一系列经营西域的重大举措，如在西域广大地区设置州县、都护府、都督府、"安西四镇"等军镇、羁縻府州等军政建置，均以大明宫为决策指挥机构。唐长安城大明宫遗址见证了位于丝绸之路东端的唐王朝为丝绸之路的畅通和繁荣做出的不懈努力，见证了强大的帝国经济、政治、军事和文化实力对丝绸之路鼎盛的重要推动作用。

参考文献：
State Administration of Cultural Heritage of the People's Republic of China, Ministry of Culture and Information of the Republic of Kazakhstan, Ministry of Culture and Tourism of the Kyrgyz Republic. Silk Roads: the Routes Network of Chang'an-Tianshan Corridor[M/OL]. http://whc.unesco.org/uploads/nominations/1442.pdf, 2020-07-29.

唐长安城大明宫遗址区位图

类型
古遗址
地点
陕西省西安市
遗存年代
7—10世纪
保护地位
世界遗产 全国重点文物保护单位
地理区位
东亚中原地区
政权-(统治)民族
唐朝-汉族
丝路关联属性
作为7—10世纪唐代都城宫殿，曾是丝绸之路鼎盛时期东方起点城市之一的政权中心。

图 9-1　唐长安城大明宫含元殿复原图

图 9-2　含元殿遗址

图 9-3　麟德殿遗址

图 9-4　大福殿遗址

图 9-5 银汉门遗址

图 9-6 丹凤门遗址

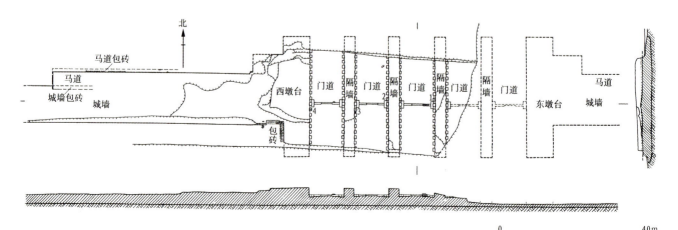

图 9-7 唐长安城大明宫丹凤门遗址考古平剖面图

撒马尔罕古城
Historic Town of Samarkand

一、【事实性信息】

撒马尔罕古城（Historic Town of Samarkand）位于中亚河中地区，作为中亚最古老的城市之一，曾在公元前5世纪至19世纪期间成为花剌子模、帖木儿帝国等王朝首都，多次成为中亚地区重要的政治、经济、文化中心，属丝绸之路上极为重要的枢纽城市；在地理区位上连接了波斯、印度和中国三大古代帝国。中国汉、唐史籍中先后称其地为"康居""康国""悉万斤""飒秣建""飒末鞬"等。

撒马尔罕古城遗存可分为3部分：东北部为最古老的阿弗拉锡阿卜（Afrasiab）遗址区，南部为中世纪帖木儿时期的建成区（始建于14世纪下半叶），西侧为19世纪俄国统治以来的欧式建筑建成区。2000年，古城被列入世界文化遗产。

阿弗拉锡阿卜古城始建于公元前650年，毁于1220年成吉思汗铁骑。古城位于山丘台地，平面似三角形，占地面积约288.9hm^2。遗址所跨年代近两千年，遗迹包括城墙、城门、古堡、宫殿、清真寺、谷仓、住宅、手工业区、引水渠等。古城南部的坡地上，还建有帖木儿时代的夏依赞德（Shâh-i Zinda）王族墓群。

现存古城整体格局、城市肌理以及宗教、文化建筑和格局较为完好的低层传统住宅区等各类遗存逾300处，其中包括比比·卡努姆清真寺（Bibi-Khanum Mosque）、列吉斯坦（Registan）广场的神学院、帖木儿陵墓（Gur-Emir）等标志性建筑。

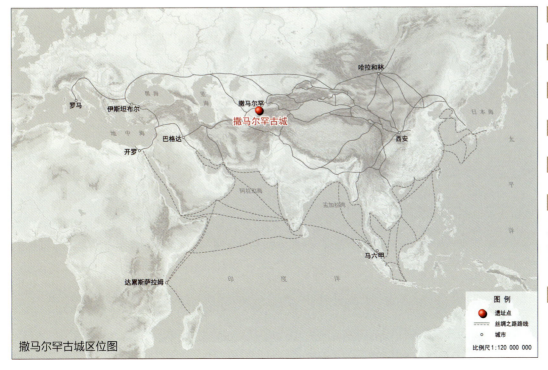

撒马尔罕古城区位图

类型
古遗址
地点
乌兹别克斯坦撒马尔罕市
遗存年代
公元前6世纪—公元19世纪
保护地位
世界遗产
地理区位
中亚河中地区
政权-（统治）民族
索格狄亚那-粟特、古代马其顿-希腊、阿拉伯帝国-阿拉伯、花剌子模王国-塞尔柱突厥、帖木儿帝国-蒙古、布哈拉汗国-乌兹别克
丝路关联属性
作为中亚重要政治、经济、文化中心之一，曾是欧亚丝绸之路的枢纽。

二、【丝路关联和价值陈述】

撒马尔罕是中亚最古老的城市之一、古代丝绸之路重要枢纽城市，连接着中国、印度与波斯，是通往印度、阿拉伯、欧洲的必经之路。撒马尔罕古城历史上经济活动繁荣，文化交流频繁，保存了古代的文化、宗教和艺术精华，见证了丝绸之路的鼎盛和繁荣。这里自古与中国有密切的经济、文化交往，玄奘曾到此处。撒马尔罕古城的历史遗迹是人类建筑艺术和文化的杰出范例。这座古城作为历史上具有不同信仰的王朝的都城，见证了这些业已消失的文明。

参考文献：

UNESCO. Samarkand – Crossroad of Cultures [EB/OL].http://whc.unesco.org/en/list/603, 2001-09-01/2020-07-29.

Encyclopædia Britannica, inc. Samarkand[DB/OL].https://www.britannica.com/place/Samarkand-Uzbekistan. 2020-11-01/2020-08-13.

撒马尔罕. 中国大百科全书数据库 [DB/OL]. http://h.bkzx.cn/item/227307, 2020-07-29.

（法）葛乐耐. 驶向撒马尔罕的金色旅程 [M]. 毛铭. 桂林：漓江出版社有限公司，2016.

（美）芮乐伟·韩森. 丝绸之路新史 [M]. 张湛. 北京：北京联合出版公司，2015.

（法）法兰兹·格瑞内，阿米娜. 法国—乌兹别克考古队在古代撒马尔罕遗址阿弗拉西阿卜（Afrasiab）发掘的主要成果 [M]//《法国汉学》丛书编辑委员会. 法国汉学：第 8 辑 教育史专号. 北京：中华书局，2003.

石云涛. 三至六世纪丝绸之路的变迁 [M]. 北京：文化艺术出版社，2007.

图 10-1 比比·卡努姆清真寺

图 10-2　阿弗拉锡阿卜古城遗址

图 10-3　列吉斯坦广场

图 10-4　帖木儿陵墓

图 10-5　撒马尔罕古城大使厅北壁壁画

辽上京遗址
Site of Upper Capital of the Liao Dynasty

一、【事实性信息】

辽上京（Upper Capital of the Liao Dynasty）位于中国辽河流域的西拉木伦河地区，是公元10—12世纪游牧民族契丹人在中国北方建立的大辽帝国都城，属丝绸之路草原路线的重要端点城市。始建于918年（神册三年）。

遗址平面略成"日"字形，由北部皇城和南部汉城两部分组成。皇城形制保存较完整，平面呈不规则方形。南墙长1 619.6m、北墙长1 513.4m、东墙长1 492.3m。西墙不是直线，中段略向外凸出形成折线，总长为1 861m。皇城四面城墙各辟一座城门，南门已遭洪水破坏，东、西、北三座门址地表遗迹清晰，均有瓮城。皇城东、西、北三面城墙外均发现有护城壕。

宫城位于皇城中部偏东，平面略呈方形，总面积约占皇城的五分之一。东墙已探明残长464.4m；南墙长785.7m；西墙长777.6m；北墙已知残长623.5m。宫城现已确认有三门，东墙中部、南墙中部偏西、西墙中部偏北各辟一门。北墙没有发现城门。宫城墙外原来有壕沟。

皇城内、宫城外的南部和西部分布多组建筑基址，可能为官署、府第、孔庙、佛寺、道观等。其中皇城西南部高地上确认一处规模宏大的东向的皇家佛教寺院；西北角存有一处较大的池苑；东北部较为空旷。皇城内路网主要有连接皇城、宫城城门的横街和纵街，以及其他纵横交错的道路。辽上京皇城东门、宫城东门、宫城内一组东向的大型宫殿建筑基址，及贯穿其间的东西向道路遗址，展现了其东西向的中轴线布局。辽上京城曾存在东向为尊的情况。

南部汉城平面呈不规则方形，城墙保存较差，地表仅存东、南、西墙各一段，残高2~4m，不见马面和瓮城。东墙残长1 223.4m，南墙长1 609.1m，西墙残长1 220.9m。

二、【丝路关联和价值陈述】

辽帝国在崛起过程中，通过军事、移民等方式控制了辽上京到漠北蒙古高原乃至西域的丝绸之路交通线，保障了欧亚商旅要道的畅通。辽上京作为丝绸之路草原路线东端的政治、经济、文化中心，是重要的文明交流汇聚点。

参考文献：
董新林. 辽上京规制和北宋东京模式 [J]. 考古, 2019(5):3–19.
魏志江. 论辽帝国对漠北蒙古的经略及其对草原丝绸之路的影响 [J]. 元史及民族与边疆研究集刊, 2017(2):134–144.

类型
古遗址
地点
内蒙古自治区巴林左旗林东镇
遗存年代
10世纪
保护地位
全国重点文物保护单位
地理区位
东亚大兴安岭
政权–(统治)民族
中国辽代–契丹
丝路关联属性
作为辽代政权中心，曾是10世纪草原丝绸之路上重要的文明交流汇聚点。

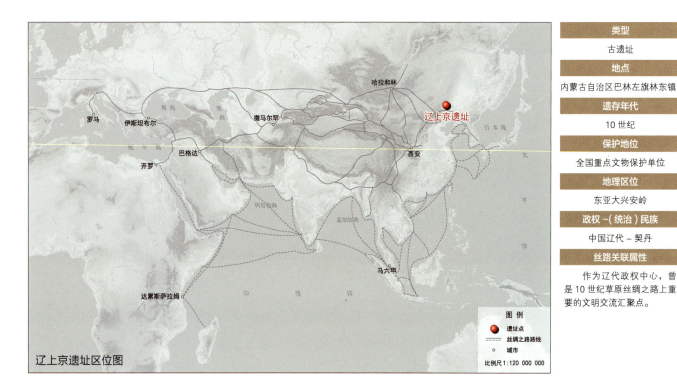

辽上京遗址区位图

都城 081

图 11-1　辽上京全景鸟瞰（西向东）

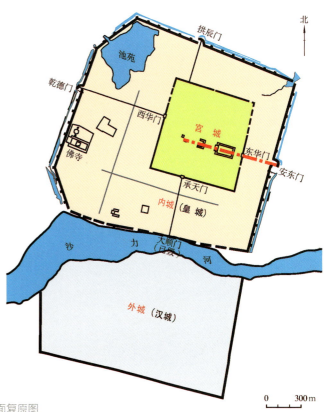

图 11-2　辽上京城平面复原图

图 11-3　辽上京宫城南门（上为南）

图 11-4　自西山坡佛寺遗址向东远眺辽上京皇城

图11-5　西山坡佛寺遗址出土佛教遗物

巴拉沙衮
City of Balasagun

一、【事实性信息】

巴拉沙衮（Balasagun）位于七河地区的楚河流域，是突厥人于公元 10—14 世纪建立的喀喇汗国都城，属丝绸之路的重要商贸中心。其遗址又名布拉纳遗址（Burana Site），地处吉尔吉斯斯坦共和国楚河州，建于 10 世纪，衰落并消失于 15 世纪，遗存年代为 10—14 世纪。

该城总面积约为 36.58hm^2，平面为不规则四边形，布局复杂，有两道城垣。城内有耕地、手工作坊和市场。布拉纳塔为该遗址唯一保存至今的建筑，建于 10—11 世纪，现高 24m，具有军事瞭望塔的功能。相关考古发现包括一处要塞或宫殿遗址、宗教建筑、住宅、浴室、供水系统、基督教与穆斯林墓地。出土器物包括青铜器、陶器、瓷器，以及建筑构件、墓石等。

二、【丝路关联和价值陈述】

巴拉沙衮是中世纪时期楚河流域最大的城市之一，丝绸之路天山廊道的中心城镇，是该地区在中世纪盛期的 6—7 世纪时城市新发展的典型例子，受到政治、经济和社会变化的影响。巴拉沙衮城的历史是新的文化现象的见证，包括不同书写系统的广泛应用，古突厥文学的发展，以及伊斯兰艺术的传入。作为突厥民族建立的喀喇汗国（870—1212 年）都城，可见证中亚地区 9—13 世纪的重要历史阶段，包括伊斯兰教的传播。

参考文献：
State Administration of Cultural Heritage of the People's Republic of China, Ministry of Culture and Information of the Republic of Kazakhstan, Ministry of Culture and Tourism of the Kyrgyz Republic. Silk Roads: the Routes Network of Chang'an-Tianshan Corridor[M/OL]. http://whc.unesco.org/uploads/nominations/1442.pdf, 2020-07-29.

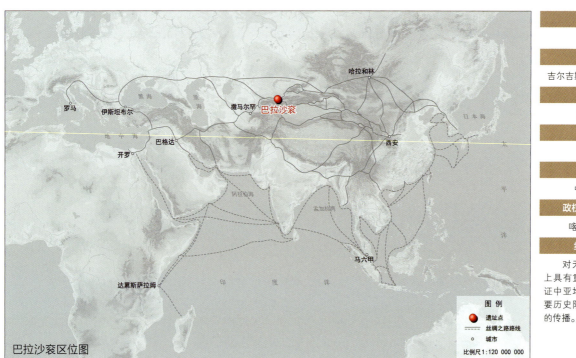

巴拉沙衮区位图

类型
古遗址
地点
吉尔吉斯斯坦共和国楚河州
遗存年代
10—14 世纪
保护地位
世界遗产
地理区位
中亚七河地区
政权 -（统治）民族
喀喇汗国 - 突厥
丝路关联属性
对天山北路的交流交通上具有重要支撑作用，可见证中亚地区 9—13 世纪的重要历史阶段，包括伊斯兰教的传播。

都城　085

图 12-1　遗址航拍

图 12-2　遗址航拍局部

图 12-3　遗址航拍局部

图 12-4　中心山

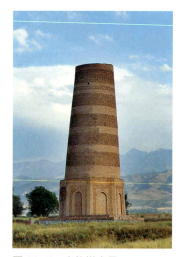

图 12-5　宣礼塔全景

图 12-6　宣礼塔细部

图 12-7　4 号陵

图 12-8　出土器物

1. 铜质灯具构件　2. 建筑装饰残片　3. 伊斯兰和基督教石刻　4. 铜灯细部　5. 铜灯　6. 铜油灯　7. 陶香炉　8. 釉面砖　9. 陶纺轮　10. 陶香炉残片
11. 白釉马造像残片　12. 器皿盖　13. 雕花砖　14. 石柱础　15. 花砖　16. 瓷器残片

布哈拉历史中心
Historic Centre of Bukhara

一、【事实性信息】

布哈拉（Bukhara）位于中亚河中地区，在公元10—17世纪期间曾分别是波斯人的萨曼王朝都城、蒙古人的帖木儿帝国的重要城市和乌兹别克人的布哈拉汗国都城，属丝绸之路的重要交通枢纽和商贸城市。北魏史籍称其为"忸密"。布哈拉历史中心地处乌兹别克斯坦布哈拉州布哈拉城，其格局形成于16—17世纪，至今保存完好。

除了1220年成吉思汗和1370年帖木儿入侵之前遗留的一些重要遗迹外，这座古城见证了16世纪以来的城市格局和建筑。阿尔卡禁城（Citadel of Ark）自16世纪重建以来，一直是整个城市的中心，也是"城中之城"。早期遗存中包括可作为保存最为完好的10世纪伊斯兰建筑范例的伊斯梅尔萨曼王陵（Samanid Mausoleum）。此外，布哈拉的历史遗存还包括建于11世纪喀喇汗国的卡扬宣礼塔，帖木儿时期的兀鲁伯经学院（Ulugbek Medresseh），谢巴尼德王朝时期的卡扬建筑群、Lyabi-Khauz建筑群、Kosh经学院建筑群和高古松经学院（Gaukushon medresseh）等布哈拉最著名的一批建筑。17世纪早期，出现了包括Magoki Kurns大清真寺（1637年）和宏伟的Abdullaziz-Khan经学院（1652年）在内的更多精美建筑。

作为丝绸之路上的商贸古城，布哈拉的市场建筑一般是方形或圆形平面，中心主穹顶和周边小穹顶群共同组成大体量的内部空间，典型建筑包括扎尔加兰圆顶市场和阿卜杜勒汗棚顶市场等。布哈拉传统民居则大多是L形或回字形的内院式平面布局，二层以下的土坯平顶式建筑。

二、【丝路关联和价值陈述】

布哈拉古城拥有2 000多年历史，是保存完好的中亚10至17世纪伊斯兰城市的杰出典范之一，其整体景观代表了谢巴尼王朝以来城市规划和建筑的出色水平，对中亚地区产生了深远的影响。古城长期以来是中亚重要的经济和文化中心。

布哈拉历史中心区位图

类型
古遗址
地点
乌兹别克斯坦布哈拉州
遗存年代
10—17世纪
保护地位
世界遗产
地理区位
中亚河中地区
民族/族群/政权/国别
萨曼王朝－波斯、帖木儿帝国－蒙古、布哈拉汗国－乌兹别克
丝路关联属性
作为10—17世纪萨曼王国、布哈拉汗国首都和帖木儿帝国的重要城市，曾是中亚丝绸之路上重要的经济和文化中心。

参考文献:

UNESCO. Historic Centre of Bukhara[EB/OL]. https://whc.unesco.org/en/list/602/, 1993/2020-07-29.

Gangler, Gaube, & Petruccioli. (2004). Bukhara: The eastern dome of Islam: urban development, urban space, architecture and population. Stuttgart: Axel Menges.

旷薇,邵磊.丝绸之路商贸城市布哈拉古城保护与利用[J]. 中国名城, 2013(12):66-70.

图 13-1 布哈拉古城全景

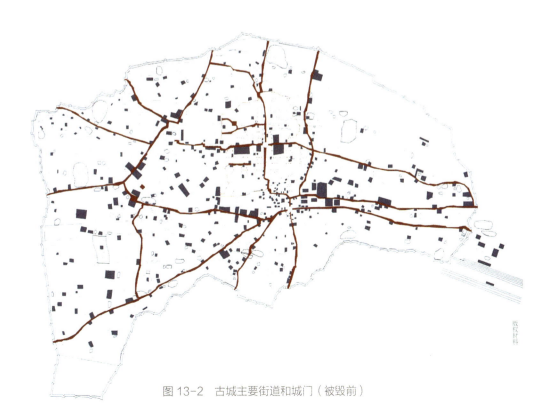

图 13-2 古城主要街道和城门(被毁前)

图 13-3 卡扬宣礼塔

图 13-4　卡扬清真寺

图 13-5　Mir-i Arab 经学院

图 13-6　阿尔卡禁城的城墙

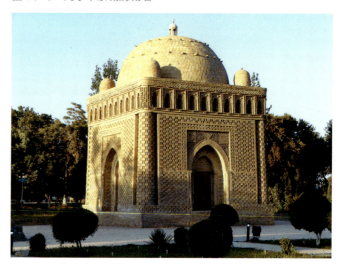

图 13-7　伊斯梅尔萨曼王陵

大马士革古城
Ancient City of Damascus

一、【事实性信息】

大马士革古城（Ancient City of Damascus）位于西亚黎巴嫩山脉和叙利亚沙漠之间的古塔绿洲上，是西亚地区最古老的城市之一。公元前3—公元16世纪期间曾被多个帝国占领，在倭马亚王朝的哈里发统治时期（650—750年）成为大帝国首都，领土囊括了从北非到中国边界之间的疆域，属丝绸之路西亚地区的重要商贸城镇和手工业中心。古城保留了希腊化、罗马、拜占庭和伊斯兰等不同历史时期的建筑与城市遗存。倭马亚王朝保留至今的城市格局和城堡、宫殿、大清真寺、公共浴室和私人住宅等，使大马士革成为伊斯兰城市与建筑的典范。

二、【丝路关联和价值陈述】

大马士革位于东西方、非洲和亚洲的十字路口，数千年来不仅是繁荣的商贸中心，也是技术发达的手工业中心，是丝绸之路在阿拉伯半岛北端的重要节点。

参考文献：
UNESCO. Ancient City of Damascus [EB/OL]. http://whc.unesco.org/en/list/20, 2020-07-29.

类型
古遗址
地点
叙利亚
遗存年代
11–18世纪
保护地位
世界遗产
地理区位
西亚阿拉伯半岛北端
政权-（统治）民族
拜占庭帝国－罗马人、倭马亚王朝－阿拉伯人
丝路关联属性
是丝绸之路在阿拉伯半岛的重要商贸和手工业中心城市。

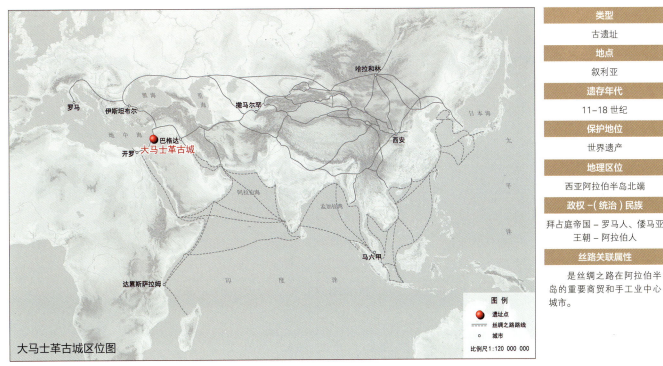

大马士革古城区位图

图 14-1　大马士革城堡

图 14-2　阿兹姆宫

都城　095

图 14-3　倭马亚清真寺全景

图 14-4　倭马亚清真寺内部钟乳拱

大不里士的集市区
Tabriz Historic Bazaar Complex

一、【事实性信息】

大不里士位于伊朗高原西北部,是蒙古人、波斯人先后于公元13—18世纪建立的伊利汗国、萨珊王朝的都城,作为丝绸之路的交通要地,其"集市区"是伊朗传统商业与文化保存最完整的实例之一,属西亚地区丝绸之路最重要的贸易中心。它由一系列相互连接、顶部覆盖的砖石结构建筑、房屋以及功能各异的封闭空间组成,集中承载着商业和贸易相关活动、社交聚会、教育和宗教活动等多种功能。由于其特殊的战略位置和免税政策,12世纪开始成为西亚地区重要的贸易中心,13—14世纪为伊利汗国的首都,16世纪时成为波斯帝国萨珊王朝的都城,其商业中心地位一直保持到18世纪后期。

二、【丝路关联和价值陈述】

大不里士是12—18世纪西亚地区和世界上最重要的国际贸易和文化中心之一,其集市区以其特殊的建筑结构和功能,展现了来自不同文化的人群交流、融合、共生的历史。

参考文献:
UNESCO. Tabriz Historic Bazaar Complex [EB/OL].http://whc.unesco.org/en/list/1346, 2020-07-29.

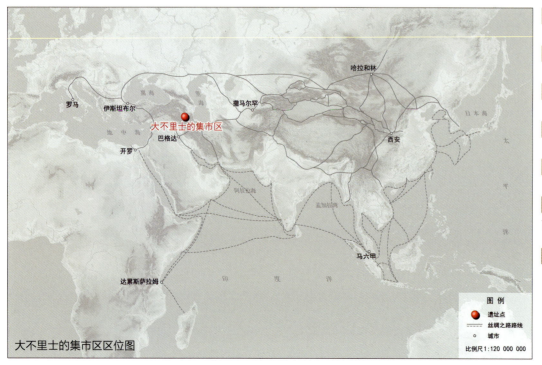

大不里士的集市区区位图

类型
古遗址
地点
伊朗
遗存年代
13–18世纪
保护地位
世界遗产
地理区位
西亚
政权 –(统治)民族
萨珊王朝 – 波斯人、伊利汗国 – 蒙古人
丝路关联属性
12—18世纪丝绸之路沿线西亚地区和世界上最重要的国际贸易中心之一。

图 15-1　蓝色清真寺

图 15-2　蓝色清真寺内部

图 15-3　大不里士集市内景

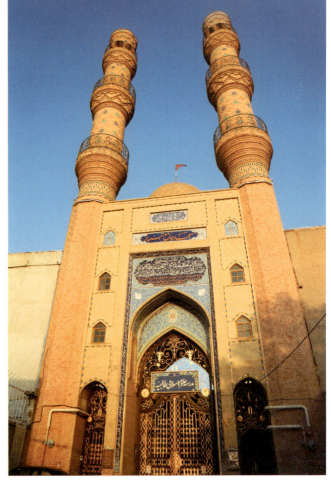

图 15-4　Jām'eh 清真寺

哈拉和林
Karakorum

一、【事实性信息】

哈拉和林（Karakorum）位于蒙古高原中心地带鄂尔浑河上游地区，是蒙古人于公元13世纪建立的大蒙古帝国的都城，属丝绸之路草原路线的重要城市。哈拉和林始建于1235年，至1259年一直作为首都使用，1370年被明军焚毁。

哈拉和林总规模约 $1.77km^2$，由南、北两城并列组成，地势南高北低。南部是供统治者居住的宫城，地势较高，面积 $0.42km^2$，由于被16世纪修建的额尔德尼召（Erdene Zuu Monastery）叠压，布局情况不明。宫城使用频率很低，统治者一年中的大部分时间在城外游牧驻扎。北城地势较低，面积 $1.35km^2$，是多民族的居民聚居区，商业贸易活动集中。城内街道为十字形。北城布局较为自由，仅通过十字街划分不同功能的城市空间，从而形成各种特定的区域。城市现有的遗迹类型包括宫殿、各种信仰的寺庙（藏传佛教寺庙、禅宗寺庙、道教寺庙、清真寺、基督教堂等）、官署和使馆、商铺、仓库、作坊、市场，以及大量居民、商人和工匠的住宅。其中，兴元阁是蒙古帝国最大的佛寺。北城的各类遗迹反映了哈拉和林当时作为亚欧大陆上重要的政治、宗教中心的盛况。哈拉和林的出土文物包括中国瓷器、巨大的花岗石柱基、壁画残片等。

二、【丝路关联和价值陈述】

哈拉和林是成吉思汗时期蒙古帝国的权力中心，是游牧文化的都城形态典范，其规模较小，采用较为简易的城市形制"并列型"城市布局，展现了游牧民族作为统治者的都城生活习俗。哈拉和林作为蒙古帝国的政治、经济、宗教中心和亚欧大陆上重要的政治、宗教中心，受到明显的草原丝绸之路东西方向文化交流影响。

参考文献：
中国建筑设计研究院建筑历史研究所《元上都遗址》项目内部资料．

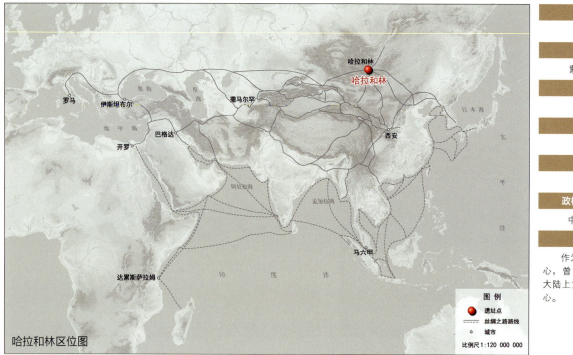

哈拉和林区位图

类型
古遗址
地点
蒙古国乌兰巴托
遗存年代
13—14世纪
保护地位
世界遗产
地理区位
东亚蒙古高原
政权 -（统治）民族
中国元朝 - 蒙古
丝路关联属性
作为13世纪元朝政权中心，曾是13—14世纪亚欧大陆上重要的政治、宗教中心。

图 16-1 兴元阁考古发掘现场

图 16-2 哈拉和林平面图

图 16-3 兴元阁出土佛像

元上都遗址
Site of Xanadu

一、【事实性信息】

元上都（Xanadu）位于蒙古高原东南缘、浑善达克沙地的西南面，是蒙古人于公元13—14世纪建立的中华帝国元朝都城之一，在"两都巡幸制"下与元大都共同成为帝国政令中心，属丝绸之路草原路线的重要城市。元上都建于1256年，1263年被定为都城。

元上都遗址包括城址本身及城外四面的关厢地带、城西北面的防洪设施铁幡竿渠。上都城平面为方形，坐北朝南，边长2 200m，面积约484hm²，分为宫城、皇城、外城三个部分。上都城共有内外三重城墙，墙外均设有护城河。城址内外遗存丰富，有宫殿、寺庙、商铺、民居等各类建筑的基址，此外还出土了类型丰富的可移动文物。

二、【丝路关联和价值陈述】

元上都遗址是13—14世纪中国北方草原游牧民族与中原农耕文明在城市设计上相结合的产物。在中原汉地经典的城市规划手法基础上，有机地融入了游牧民族的生活方式，形成了高度兼顾游牧文明生活方式和农耕文明生活方式的独特的草原都城形制；并在使用功能上同时具备了汉地的都城与游牧民族特有的夏都的双重特性，展现了不同文明与民族之间在征服与同化过程中，不同的生活方式与价值观在城市规划方面的交互影响与融合，并以其丰富的宗教、民族与语言等文化交流史料与遗址遗迹，见证了公元13—14世纪草原丝绸之路上，元帝国所造就的国际多元文化兼容并蓄的盛况。

参考文献：
内蒙古自治区文物局，中国建筑设计研究院有限公司建筑历史研究所. 元上都遗址申报世界文化遗产提名文件[M]. 北京：文物出版社，2019.

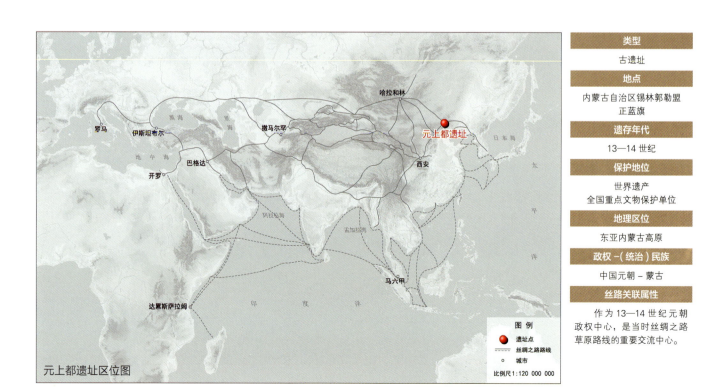

元上都遗址区位图

类型
古遗址
地点
内蒙古自治区锡林郭勒盟正蓝旗
遗存年代
13—14世纪
保护地位
世界遗产 全国重点文物保护单位
地理区位
东亚内蒙古高原
政权-(统治)民族
中国元朝-蒙古
丝路关联属性
作为13—14世纪元朝政权中心，是当时丝绸之路草原路线的重要交流中心。

图 17-1　元上都遗址鸟瞰

图 17-2　上都河全景

图 17-3　元上都遗址航拍

图 17-4　大安阁航拍

图 17-5　穆清阁遗址全景

元大都遗址
Site of Khanbaliq

一、【事实性信息】

元大都（Khanbaliq）位于中国燕山南麓、华北平原北端，是蒙古人于公元13—14世纪建立的中华帝国元朝都城之一，属丝绸之路东端的重要起点城市。遗址地处北京城区，始建于1267年，1272年被定为大都。

元大都平面呈矩形，坐北朝南，南北长约7 600m，东西宽约6 700m，总面积约50.9km²。大城、皇城、宫城三重城垣环环相套，以宫城中轴线作为都城规划的主轴线。全城共有南北干道九条、东西干道六条，胡同平行排列于南北向街道的东西两侧，形成街道—胡同城市格局，奠定了今日北京城市格局的基础。北京城内现存元大都重要遗存有元大都城垣遗址、万宁桥、白塔寺白塔等。

二、【丝路关联和价值陈述】

元大都是13—14世纪中国北方草原游牧民族，为适应统治范围广袤的统一多民族国家的需要，充分吸收中原汉地城市规划精髓，在汉族地区建立起的城市，展现了不同历史条件下，游牧文明与农耕文明之间的征服与融合，是活跃在蒙古高原的元朝统治者在中原汉地创造的代表性遗存。大都城作为元朝的政治、文化中心，吸引着络绎不绝的各国使节、商人、传教士来华，中国的学者、僧侣等也从大都走向世界各地，他们共同推动了宗教、艺术、文化、建筑、科学技术等在草原丝绸之路上的双向传播，见证了13—14世纪草原丝绸之路的繁荣景象。

参考文献：
陈高华，史卫民．元代大都上都研究[M]．北京：中国人民大学出版社，2010：5．
王南．北京古建筑（上册）[M]．北京：中国建筑工业出版社，2015：62．

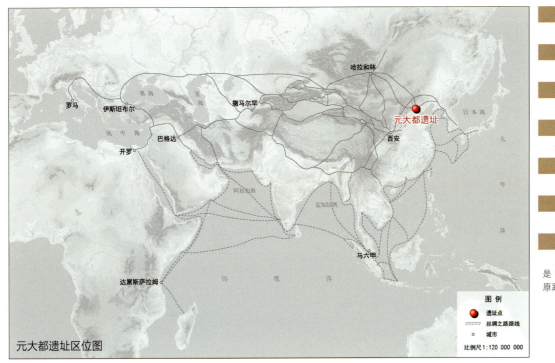

元大都遗址区位图

类型
古遗址
地点
北京市
遗存年代
13—14世纪
保护地位
全国重点文物保护单位
地理区位
东亚华北平原
政权-（统治）民族
中国元朝-蒙古
丝路关联属性
作为元朝政权中心，曾是13—14世纪丝绸之路草原路线的重要交流汇聚中心。

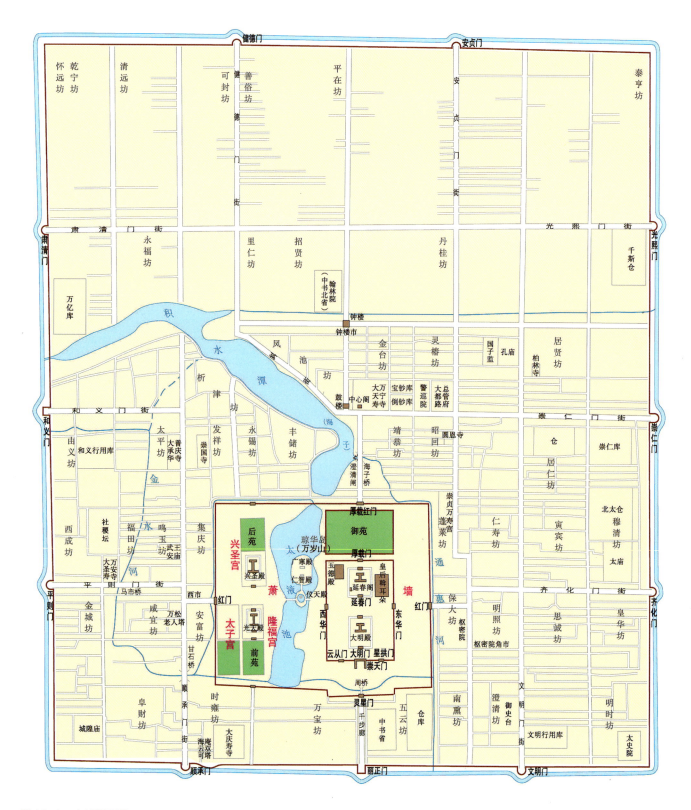

图 18-1 大都平面图

图 18-2 和义门遗址

图 18-3 雍和宫后元代居住建筑基址

图 18-4 妙应寺白塔

阿力麻里遗址
Site of Almaliq

一、【事实性信息】

阿力麻里（Almaliq）位于中亚七河地区的伊犁河流域，是蒙古人于公元13—14世纪建立的察合台汗国都城，曾为丝绸之路的交通枢纽、东西方文化的汇聚之地。遗址地处今新疆维吾尔自治区伊犁哈萨克自治州霍城县西13km处。据推测始建于8世纪。

遗址东西约5km，南北尺寸不明，城墙、城内建筑今已不存，20世纪50年代测得故城周长约25km。遗址区已被辟为农田，先后出土过元代景德镇、龙泉窑瓷器，叙利亚文景教徒墓碑，察合台汗国金、银、铜币等文物。其中，出土钱币上的铭文内容反映了伊斯兰教的影响，文字使用阿拉伯文。

二、【丝路关联和价值陈述】

据刘郁《西使记》载，公元1259年的阿力麻里"市井皆流水交贯，有诸果，惟瓜、葡萄、石榴最佳。回纥与汉民杂居，其俗渐染，颇似中国"。阿力麻里是13—14世纪新疆乃至中亚地区的一座大城，是丝绸之路北道上的国际都会，曾是新疆的政治、军事中心地之一，也是中原和中亚联系的重要枢纽。

参考文献：

娃斯玛. 阿力麻里遗址形制初探[J]// 丝瓷之路 古代中外关系史研究 VII. 北京：商务印书馆, 2019: 100–142.

李文博. 阿力麻里城及其兴衰原因探析[J]. 西域研究, 2015(2): 39–47.

中国大百科全书数据库. 阿力麻里[DB/OL].http://h.bkzx.cn/item/190551, 2020-07-29.

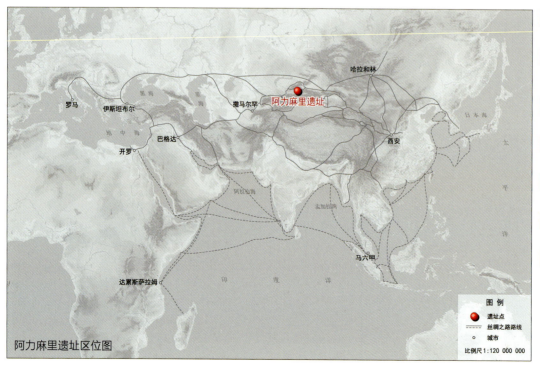

阿力麻里遗址区位图

类型
古遗址
地点
新疆维吾尔自治区伊犁哈萨克自治州霍城县
遗存年代
13—14世纪
保护地位
自治区级重点文物保护单位
地理区位
东亚七河地区
政权 –（统治）民族
察合台汗国 – 蒙古
丝路关联属性
作为13—14世纪新疆乃至中亚地区的一座大城，是丝绸之路北道上的国际都会，曾是新疆的政治、军事中心地之一，也是中原和中亚联系的重要枢纽。

图 19-1 阿力麻里城现状

图19-2 阿力麻里出土器物

1. 阿力麻里叙利亚文碑铭　2. 青花凤首流扁执壶　3. 察合台银币　4. 海浪舞龙纹青瓷盘　5. 花口双凤印纹大碗
6. 龙泉高足碗　7. 青花高足碗　8. 圈足镶嵌银饰铜碗　9. 察合台金币

明故宫遗址
Ming Palace Ruins

一、【事实性信息】

明故宫是指明南京的宫城区，位于长江下游地区，是公元14—15世纪初中华帝国的明朝都城宫殿所在，曾是郑和七下西洋时期的政令中心。明故宫遗址（Ming Palace Ruins）属海上丝绸之路繁盛时期的重要城区遗址。遗址地处江苏省南京市玄武区、白下区，始建于1366年（元至正二十六年），至1392年（明洪武二十五年）宫殿基本建成。

明故宫遗址由宫城和皇城两部分组成，具有明确的南北轴线。外重城垣内为皇城，东西宽2.5km，南北长2.5km，平面呈"凸"字形，辟6门，分别与宫城6门相对。皇城内对称分布各中央官署及坛庙等建筑。今皇城城垣不存，仅东面东安门、西面西安门保存尚好。内重城垣为宫城，位于皇城中央偏东，是核心区域，平面呈长方形，东西宽0.75km，南北长0.95km。目前，地表可见的明代宫城建筑遗存主要有午门，内、外五龙桥，奉天门，东华门，西华门，西安门，太庙遗址，宫城东侧石水渠，宫城南城壕，皇城西壕，宫城城墙遗址等。

二、【丝路关联和价值陈述】

明故宫是海上丝绸之路繁盛时期"郑和下西洋"这一重大历史事件起始的政令中心。

参考文献：
杨新华. 南京明故宫[M]. 南京：南京出版社，2009.

明故宫遗址区位图

类型
古遗址
地点
江苏省南京市
遗存年代
14—15世纪
保护地位
全国重点文物保护单位
地理区位
东亚中原地区
政权-（统治）民族
明朝-汉族
丝路关联属性
明故宫是海上丝绸之路繁盛时期"郑和下西洋"这一重大历史事件起始的政令中心。

图 20-1 明故宫遗址鸟瞰

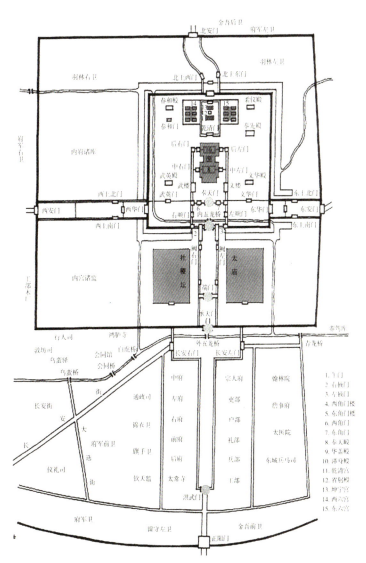

图 20-2 明故宫平面复原图（明洪武时期）

图 20-3　午门遗址

图 20-4　内五龙桥

图 20-5　奉天门遗址

图 20-6　西安门遗址

城镇
含城邦、城镇、商贸聚落

轮台古城
Ancient City of Koyuk Shahri

一、【事实性信息】

轮台古城即奎玉克协海尔古城（Ancient City of Koyuk Shahri），位于天山南麓、塔里木盆地北缘，推测是公元前4—公元前1世纪中华帝国的汉仑头国城址，属丝绸之路沙漠路线的重要节点城镇。遗址坐落于新疆维吾尔自治区轮台县，地处喀拉塔勒河下游平坦的荒漠中，古城内外遍布红柳丛。古城始建于公元前5世纪，公元前后废弃。

古城平面大致呈圆角方形，南北长310m，东西宽260m，周长900m，墙垣基宽5—8m不等，残高1—2m。城垣西北角和南垣西段各有一处豁口，疑似城门遗迹。城内中部偏西有一平面呈椭圆形高台，南北长约120m，东西宽约90m，残存高6.5m左右。城内发现高台建筑、灰坑、水井、沟渠、路面、房址、墓葬等遗迹。城中出土陶、金、铜、铁、木、石、骨、角、毛麻制品等各类遗物及大量动物骨骼与陶片。

二、【丝路关联和价值陈述】

奎玉克协海尔古城为目前所知塔里木盆地北沿最早的城址，是绿洲城邦为"城郭之国"的见证。

参考文献：
苏浩发.轮台县志[M].北京：新华出版社，1991：410-411.
林梅村.考古学视野下的西域都护府今址研究[J].历史研究，2013（6）：43-58.
陈凌.丝绸之路的古城[M].西安：三秦出版社，2015.
张相鹏，党志豪，李春长，徐佑成.新疆轮台县奎玉克协海尔古城遗址考古发掘的新收获与初步认识[J/OL].西域研究，1-6[2021-02-24].http://kns.cnki.net/kcms/deta:l/65.1121.c.20210118.1553.004.html.

图21-1 古城中高台建筑

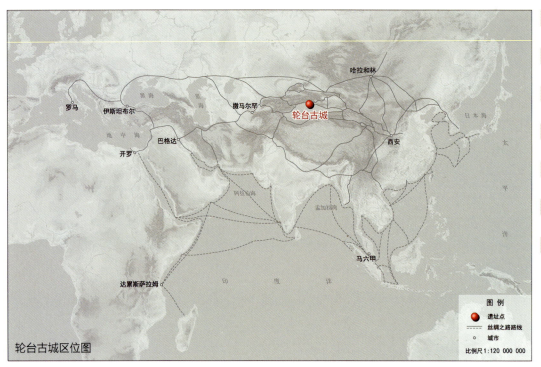

轮台古城区位图

类型
古遗址
地点
新疆维吾尔自治区轮台县
遗存年代
战国
保护地位
自治区级文物保护单位
地理区位
东亚天山南麓
政权-（统治）民族
乌垒
丝路关联属性
奎玉克协海尔古城为目前所知塔里木盆地北沿最早的城址，是绿洲城邦为"城郭之国"的见证。

卓尔库特古城
Ancient City of Drow Kurt

一、【事实性信息】

卓尔库特古城（Ancient City of Drow Kurt）位于天山南麓、塔里木盆地北缘，推测为公元前1—公元1世纪中华帝国西汉时期的西域都护府治所、汉代校尉城"乌垒城"所在，属丝绸之路沙漠路线的重要节点城镇。古城地处新疆维吾尔自治区轮台县。

古城的三重城占地总面积达38万m²，平面略呈不规则椭圆形。内城东北垣稍直，周长约1 250m。城垣基宽3—6m，存高1.5—2.5m不等。东垣北端有一高台城址，高达9m，上部为土坯砌筑，土坯尺寸45cm×25cm×8cm。内城城垣西南有一豁口，宽约10m，似为城门。城内中偏南部有一个土筑高台，周长约70m，残高约4m。古城东北约300m处有一土台，略呈方形，底部边长33m×35m，存高3m许，似为一处居住遗址。

古城墙垣处有夹砂红、灰陶片及畜骨等遗物。城内曾发现红底黑花陶片、夹砂红褐和灰褐陶片、带柄铁镞、釜、罐类器皿的粗砂陶器残片等。古城地处克孜勒沟下游南侧的洪溢区中。

卓尔库特是突厥语，原意可能是"很大的湖泊"，在今卓尔库特遗址北部，有汉代苇湖遗址。

二、【丝路关联和价值陈述】

有研究认为，卓尔库特古城可能就是汉代乌垒城，即西域都护府治所，是汉代有效治理西域地区的见证。

参考文献：
苏浩发. 轮台县志[M]. 北京：新华出版社，1991：410-411.
深圳博物馆. 深圳文博论丛·2012年[M]. 北京：文物出版社，2012：13-14.
陈凌. 丝绸之路的古城[M]. 西安：三秦出版社，2015.

卓尔库特古城区位图

类型
古遗址
地点
新疆维吾尔自治区轮台县
遗存年代
汉-魏晋
保护地位
自治区级重点文物保护单位
地理区位
东亚天山南麓
政权-(统治)民族
中国汉朝-汉族
丝路关联属性
卓尔库特古城可能就是汉代乌垒城，即西域都护府治所，是汉代中原经营西域，与西域少数民族关系的见证。

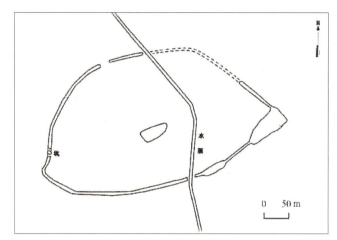

图22-1　卓尔库特古城平面图

图22-2　古城中部高台

图22-3　古城东南角高台

交河故城
Site of Yar City

一、【事实性信息】

交河故城（Site of Yar City）位于新疆吐鲁番盆地，在公元前2—公元14世纪期间曾先后为车师前国国都、高昌国交河郡、唐西州交河县和唐安西大都护府治所所在地，属丝绸之路沙漠路线的重要节点城镇。交河故城坐落于新疆吐鲁番市西10km的雅尔乃孜沟村一带，地处东天山南麓，东距高昌故城37km，南对也木什塔格山（盐山）的缺口。城址现存形制布局奠基于5—7世纪（麹氏高昌时期），形成于7—8世纪（唐代），沿袭于9—13世纪（回鹘高昌时期），废弃于14世纪。

城址建于雅尔乃孜沟中约30m高的长条形台地上，总面积约37.6hm^2。城址功能分区明确，大致包括居住区、衙署区、仓储区、寺院区和墓葬区几部分。城址以南北向两条大道组织城市布局，居住区、寺庙区、仓储区等均分布于大道两侧。官署区位于城市中部，墓葬区位于城北。大道北端布置城市最重要的寺院建筑。沿大道垂直分布众多街巷，街巷两侧为封闭的院落。城址内现存房舍遗址、城门遗址、佛寺遗址、古井、街巷遗址、台地边缘防护墙遗存、墓葬区等。不同时期的建筑技术主要有夯土筑法、压地起凸法、垛泥法、土坯法等。城址外北部、西部的台地上分布有不同历史时期的墓群，墓葬时代约为前2—8世纪（车师国及晋、唐时期）。

二、【丝路关联和价值陈述】

交河故城城址中5世纪以前的遗存、沟北车师墓葬及其出土物为古代车师文明提供了特殊的见证；城址中5—13世纪的各类遗存及沟西墓地见证了高昌国、高昌回鹘王国等西域民族及其文明，特别见证了唐帝国"都护府"等边疆管理模式及其对丝路交流的重要保障。城址中各类遗存共同展现出的城址格局及其"压地起凸法""垛泥法"等建筑技术展现了中原、西域与中亚地区有关城市文化和建筑技术的交流；中央佛塔、大佛寺和塔林等佛教遗存展现了佛教在吐鲁番盆地的传播和兴盛；城址及墓葬中出土的多语言文书，以及竖穴墓、斜坡墓等不同的墓葬形制展现了车师、汉、回鹘等多民族的交流融合。与城址、墓葬的选址建造密切相关的多座台地及雅尔乃孜沟的多道沟谷，展现了人类利用天险作为城市防御的城市选址特征，是人类依托、利用自然的典范。

参考文献：
State Administration of Cultural Heritage of the People's Republic of China, Ministry of Culture and Information of the Republic of Kazakhstan, Ministry of Culture and Tourism of the Kyrgyz Republic. Silk Roads: the Routes Network of Chang'an-Tianshan Corridor[M/OL]. http://whc.unesco.org/uploads/nominations/1442.pdf, 2020-07-29.

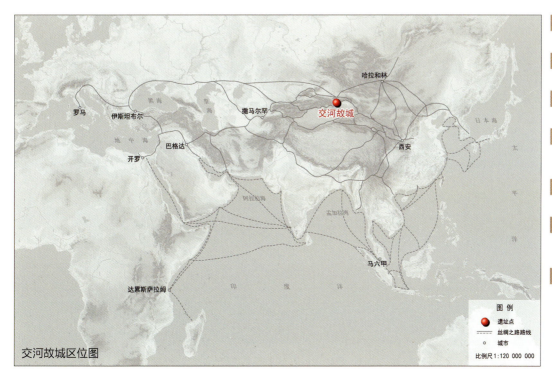

交河故城区位图

类型
古遗址
地点
新疆维吾尔自治区吐鲁番市
遗存年代
前2—14世纪
保护地位
世界遗产 全国重点文物保护单位
地理区位
东亚天山南麓
政权-（统治）民族
车师国、高昌国、高昌回鹘王国、唐朝等
丝路关联属性
作为前2—14世纪吐鲁番盆地的重要的中心城镇，曾是丝绸之路上有关城市文化、建筑技术、佛教及多民族文化的交流与传播节点。

城镇 117

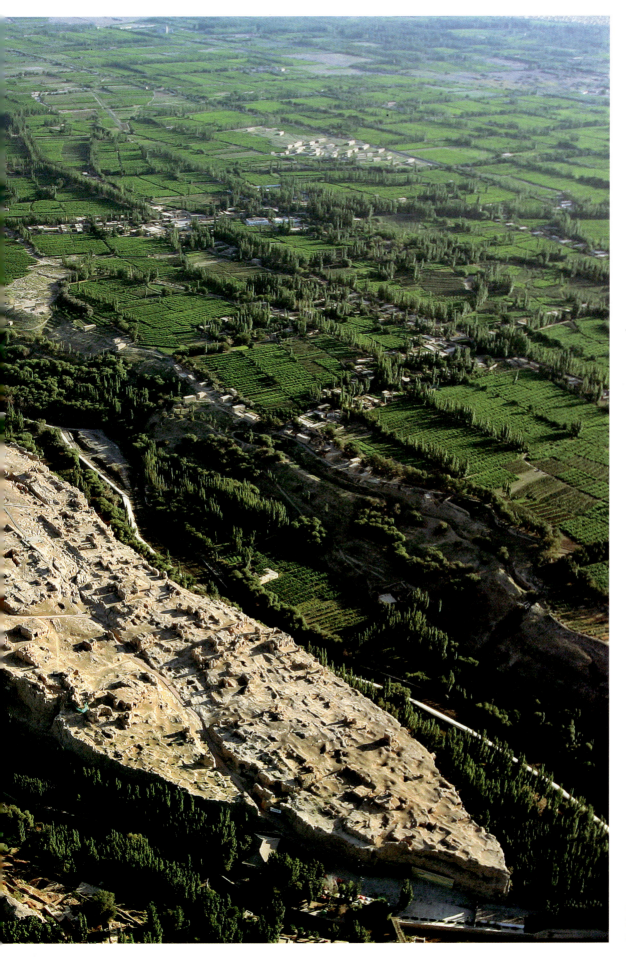

图23-1 交河故城城址及墓地鸟瞰

图23-2 交河故城与天山

图23-3　大佛寺遗址鸟瞰

图23-4　塔林遗址鸟瞰

图23-5　交河故城沟北车师墓葬

图23-6　青铜菩萨立像

图23-7　泥塑比丘头像

尼雅遗址
Site of Niya

一、【事实性信息】

尼雅遗址（Site of Niya）位于塔克拉玛干沙漠南缘，是公元前2—公元4世纪西域诸国的精绝国遗址，属丝绸之路沙漠南线的重要节点城镇。

遗址分布在约60—80km² 范围内，南北长约25km，东西宽约7km。遗址以佛塔及其附近的行政官署、广场和大型房屋建筑为中心聚落，最北端以窑址为主的聚落群为专门从事冶炼、铸铜、烧陶等工艺生产和成品交换的经济中心；最南端的古桥遗址群是具有防卫意识的交通设施，作用相当于壕沟和城墙。从属居民点沿尼雅河道呈带状散居，形成小聚居大分散的分布格局。居址规模不等，多以篱墙环绕，旁有畜圈，外依林带、果园，周围分布水渠、涝坝、田畦。居址群和官署附近还有宗教活动中心。墓地则往往发现于居址群以西或西北附近，与居住地分隔开来，显示出古尼雅人具备的阴阳观念。地表建筑均采用"木骨泥墙"的构筑方法，部分遗址至今梁柱耸立，房屋布局清晰，分工明确，建筑工艺考究，极具地域特色；出土遗物众多，包括大量佉卢简牍、汉文木简，以及制作精美的纺织品、佛教壁画以及陶、木、铜、玻璃器等带有东西方文化特点的文物。

二、【丝路关联和价值陈述】

尼雅遗址是古代丝绸之路西域南道上形成的聚落之一，作为东西交通要塞曾经繁荣一时。尼雅遗址是塔克拉玛干沙漠中现存最大的遗址群，文化内涵极其丰富，揭示出古代尼雅人的日常生活、社会活动、宗教文化观念，以及与周边地区的交流联系，反映了古代中国、印度、希腊、罗马、伊朗和草原文化在塔里木盆地交会融合的历史。

参考文献：
新疆维吾尔自治区文物局. 新疆维吾尔自治区第三次全国文物普查成果集成.和田地区卷[M]. 北京：科学出版社, 2011.
新疆维吾尔自治区文物局. 不可移动的文物：和田地区卷 1[M]. 乌鲁木齐：新疆美术摄影出版社, 2015.

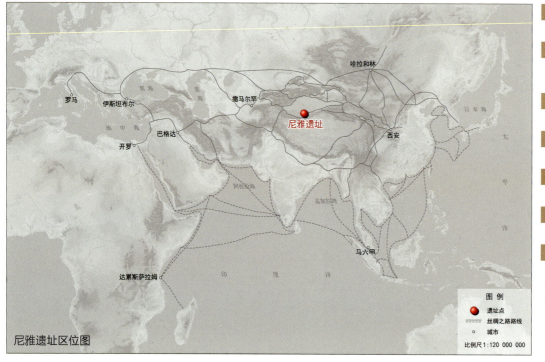

尼雅遗址区位图

类型
古遗址
地点
新疆维吾尔自治区和田地区民丰县
遗存年代
前2—4世纪
保护地位
全国重点文物保护单位
地理区位
东亚塔里木盆地
政权-（统治）民族
鄯善、吐蕃
丝路关联属性
两汉魏晋时期精绝国遗址，曾是丝绸之路的文化交流节点。

图24-1 尼雅遗址及其环境

图24-2 尼雅古桥遗址全景

图24-3 尼雅N26遗址房址中的雕刻木构件

图24-4 尼雅N13遗址出土家具陈设（3世纪）

图24-5 尼雅一号墓出土"五星出东方利中国讨南羌"锦

图24-6 佉卢文木牍

呾叉始罗
Taxila

一、【事实性信息】

呾叉始罗又名塔克西拉（Taxila），在公元前 6—公元 5 世纪期间先后为犍陀罗和贵霜帝国都城，孔雀王朝、巴克特里亚王国以及波斯帝国的重要城市，属丝绸之路在南亚次大陆西北部的枢纽城市。史籍中又作德叉始罗、竺刹尸罗、石室国等名。其地处巴基斯坦旁遮普省拉瓦尔品第区，最早的聚落出现于史前时期，兴盛于 1—5 世纪，7 世纪以后则鲜见于文献记载。

呾叉始罗是一处大型系列遗址，主要由 4 个聚落遗址以及佛寺、清真寺、经学院等遗迹组成。这 4 处聚落分别是塞赖克勒（Saraikala）、皮尔丘（Bhir Mound）、斯尔卡普（Sirkap）和斯尔苏克（Sirsukh）。塞赖克勒是一处史前聚落，是遗址中最古老的，有新石器时代至铁器时代遗迹。皮尔丘是历史时期最古老的遗址，位于小高地上，约公元前 6 世纪由阿契美尼人建立。遗址南北约 1 100m，东西宽约 670m。西侧和南侧边缘比较规则，东侧和北侧沿塔木拉河岸边的水湾和悬崖延伸。城墙用未经烧制的土坯砌筑，用木头加固。城市布局不规则，街道大多狭窄、曲折，房屋布局也极不规则。该城经历三次毁坏和重建，于公元前 2 世纪被大夏希腊人统治，城址迁到塔木拉河东边的斯尔卡普。

斯尔卡普的城墙长约 5.6km，由毛石层垒而成。城墙内有孤立的卫城和大面积山地，具有希腊特征。城市是典型的希腊式棋盘布局，街道彼此垂直，建筑排列形成整齐的街区。城市曾多次被毁又重建，但其格局仍得以保留。

斯尔苏克可上溯到贵霜时代早期，城市大体呈四边形，周长约 4.8km，位于远离山地的开阔平原上。跟斯尔卡普一样，也有坚固的石墙，但砌筑的毛石为公元 1 世纪中期流行的"花墙"样式，而非层层排列，墙外有半圆形棱堡。与斯尔卡普一样，城西边是郊区，被一条土墙保护。

除以上 4 处聚落遗址外，呾叉始罗还有大量孤立的遗迹，主要是佛塔和佛寺，散布四周。谷地的南半部分中佛教遗址尤其多，坐落在塔木拉河边的山丘上。

二、【丝路关联和价值陈述】

呾叉始罗是犍陀罗地区的核心地带，位于三条大商道上，是丝绸之路上的枢纽城市。印度与中亚、西亚之间的交通，

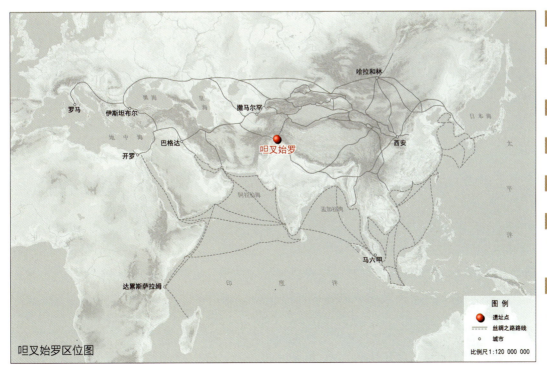

呾叉始罗区位图

类型
古遗址
地点
巴基斯坦旁遮普省拉瓦尔品第区
遗存年代
公元前 6—公元 5 世纪
保护地位
世界遗产
地理区位
南亚次大陆波特瓦尔高地
政权 -（统治）民族
犍陀罗，孔雀王朝，贵霜王国，巴克特里亚王国 - 希腊人，波斯帝国 - 波斯人
丝路关联属性
作为公元前 6—公元 5 世纪南亚次大陆西北部重要城市，曾是丝绸之路上的枢纽城市。

主要就是通过这三条商道实现的。4处具有代表性的聚落遗址揭示了印度次大陆五个多世纪以来的城市演变模式。

参考文献：
[英] 约翰·马歇尔.塔克西拉[M]. 秦立彦译. 昆明：云南人民出版社，2002.
UNESCO. Taxila [EB/OL].http://whc.unesco.org/en/list/139/, 1980/2020-07-29.

图25-1 呾叉始罗全景

城镇 127

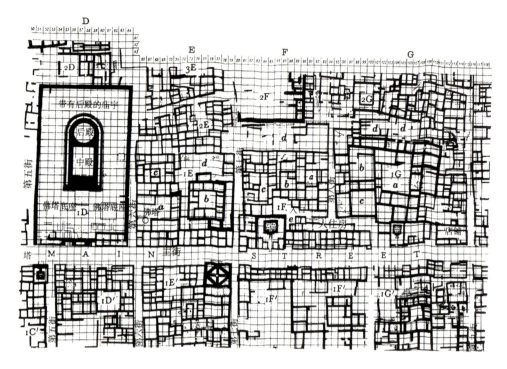

图25-2 斯尔卡普考古平面图（局部）

图25-3 皮尔丘建筑遗址

图25-4 斯尔卡普的塔遗址

图25-5　达摩拉吉卡大佛塔

图25-6　塑像

图25-7　雕像

米兰遗址
Site of Miran

一、【事实性信息】

米兰遗址（Site of Miran）位于塔克拉玛干沙漠南缘，在公元前1—公元9世纪期间曾先后为西域诸国的鄯善国故城和吐蕃时期的军事据点，属丝绸之路沙漠南线的重要节点城镇。遗址地处新疆维吾尔自治区若羌县东北约70km，米兰镇东约6km处。

米兰遗址的遗存分布范围约24km²，现存有反映汉—唐时期该地的农业生产和生活、佛教信仰、军事屯戍等方面历史文化信息的遗迹遗物，主要遗存包括：汉—唐代的大型农业灌溉系统、魏晋时期的多处佛教建筑遗迹、吐蕃戍堡、烽火台、汉—唐代的居住址、窑址、冶炼址、墓葬等，可移动文物主要有汉—唐代各种生产生活物品残件、农作物遗物、汉代和唐代钱币、吐蕃木简、兵器等。

汉—唐代的灌渠系统遗迹呈扇形分布于整个遗址区，覆盖面积约24km²，控制灌溉面积约为0.3万hm²，包括1条干渠、7条支渠以及由支渠分支的密布网状毛渠。

初步认定的魏晋时期佛教建筑遗迹共14处，散布在遗址区内，每处规模较小，占地面积多约100—130m²。

吐蕃戍堡遗址1处，位于遗址区中心，占地面积约6 800m²，城墙、城堡内部格局和构筑物遗迹尚存。

烽火台2处，分别位于遗址区北、西南部，占地面积约100m²。

汉—唐期间的居住址、窑址、冶炼址、墓葬等遗存若干，散布于遗址区内，分布间距约600—1 200m。

二、【丝路关联和价值陈述】

米兰遗址所在的绿洲，是历史上自敦煌向西进入西域地区最近的一处绿洲。米兰遗址作为绿洲屯垦聚落，是该时期自中原经河西走廊进入西域后，丝绸之路南线交通道上第一处重要的物资补给聚落，是丝绸之路交通路线的重要物证。

米兰遗址现存的多处佛教建筑遗迹，其建筑形式、壁画、塑像等遗存，具有佛教自印度经中亚传入西域初期的较为明显和纯粹的外来风格特征，是佛教东传初期西域境内佛教建筑形式、佛教艺术风格的珍贵物证。

参考文献：
中国建筑设计研究院建筑历史研究所《米兰遗址保护总体规划》项目内部资料.

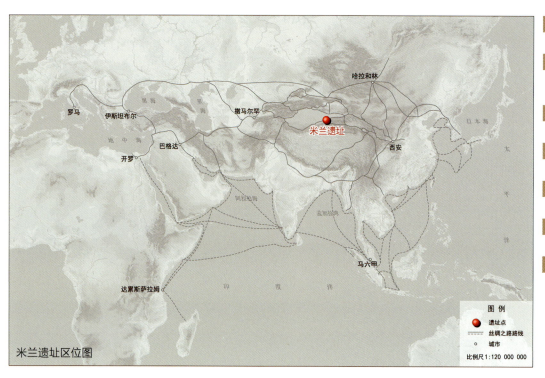

米兰遗址区位图

类型
古遗址
地点
新疆维吾尔自治区巴音郭楞蒙古自治州若羌县
遗存年代
公元前1世纪—公元9世纪
保护地位
全国重点文物保护单位
地理区位
东亚塔克拉玛干沙漠
政权-(统治)民族
鄯善、吐蕃
丝路关联属性
丝绸之路沿线重要的城市遗存，对确保丝绸之路畅通、贸易活动繁荣、中西文化交流、民族徙居、军事防御都曾发挥重要的作用。

图26-1 米兰遗址全景

图26-2 戍堡全景

图26-3 米兰佛塔Ⅲ

图26-4　M.X穹顶建筑遗迹

图26-5　戍堡出土吐蕃文卜骨与木简

图26-6　米兰佛塔Ⅲ出土佛与比丘壁画（1907年）

图26-7　米兰佛塔Ⅲ出土"有翼天使"壁画（1907年）

图26-8　米兰佛塔Ⅲ出土"有翼天使"壁画（1907年）

图26-9　米兰佛塔Ⅲ出土"有翼天使"壁画（1907年）

高昌故城
Site of Qocho City

一、【事实性信息】

高昌位于新疆吐鲁番盆地，公元前 1—公元 14 世纪期间曾先后是汉高昌壁、唐西州治所，是麹氏高昌与回鹘高昌国的国都，属丝绸之路沙漠路线在西域的重要交通枢纽与中心城镇。高昌故城先后作为公元前 1 世纪—公元 4 世纪（汉晋时期）戊己校尉治所（称高昌壁）、4—7 世纪（南北朝至隋唐时期）的高昌郡和高昌国国都、7—8 世纪（唐代）的西州和高昌县、9—13 世纪（宋元时期）的高昌回鹘王国的国都，至 14 世纪废弃，沿用了 1 400 余年。城址目前已发现的最早遗存为 3—4 世纪，现存主要为 9—13 世纪（回鹘时期）的遗存。

高昌故城总面积约 198hm^2，城址平面呈不规则方形，包括内外相套的外城、内城和"可汗堡"三重城。城墙主要以夯土夯筑，发现有城门遗址。外城墙体有马面等附属设施，城外还发现有护城壕的遗迹。城址内分布有大量宗教建筑遗址和房屋遗址，如西南大佛寺、东南小寺、α 寺、东南房屋遗址等。城址中发现或出土的文物主要包括：宗教（主要有佛教、摩尼教、景教等）相关文物，如壁画、塑像残件、绢或麻布幡画、供具等；汉文、梵文、波斯文、粟特文、回鹘文等文种的文书或雕刻物；建筑构件；丝织品和金属饰品等日用杂物等。

二、【丝路关联和价值陈述】

高昌故城城址及周边的寺庙、石窟寺、墓葬等遗存见证了古代高昌国和高昌回鹘王国等西域民族及其文明，见证了中原王朝郡、州县等建置对西域广大地区丝绸之路畅通的重要保障作用。其三重城格局、夯土建筑技术、马面设置、佛教壁画等遗存特征展现了与中原王朝的关联；西南大佛寺、东南小寺、α 寺、景教壁画等宗教遗存展现了佛教、景教、摩尼教等多种宗教的传播和交融；城址及周边地带出土的文

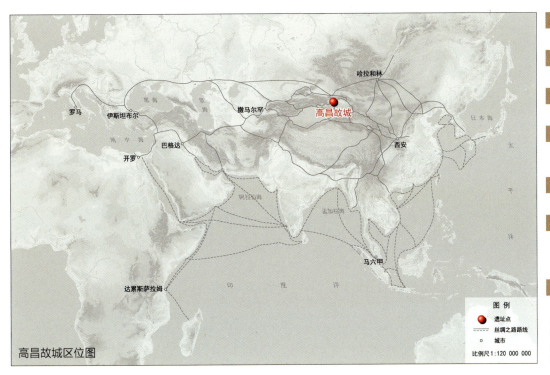

高昌故城区位图

类型
古遗址
地点
新疆维吾尔自治区吐鲁番市
遗存年代
公元前 1—公元 14 世纪
保护地位
世界遗产 全国重点文物保护单位
地理区位
东亚天山南麓
政权-(统治)民族
中国汉朝、魏晋南北朝、隋朝、唐朝、高昌国–汉族，高昌回鹘王国–回鹘
丝路关联属性
作为公元前 1 世纪—公元 14 世纪吐鲁番盆地第一大中心城镇，曾是丝绸之路上多种宗教和多民族文化的交流汇聚节点。

书佐证了汉、回鹘等多民族文化的交流。高昌故城建造于火焰山南麓冲积平原地带木头沟河绿洲的中心，城镇选址特征及因此形成的背倚火焰山的独特荒漠绿洲古城景观特征，展现了人类在长距离交通条件下对自然环境的依托和利用。

参考文献：

State Administration of Cultural Heritage of the People's Republic of China, Ministry of Culture and Information of the Republic of Kazakhstan, Ministry of Culture and Tourism of the Kyrgyz Republic. Silk Roads: the Routes Network of Chang'an–Tianshan Corridor[M/OL]. http://whc.unesco.org/uploads/nominations/1442.pdf, 2020-07-29.

图27-1　高昌故城与火焰山

图27-2 高昌故城鸟瞰

图27-3 高昌故城城墙

图27-4　大佛寺遗址鸟瞰

图27-5　高昌故城"可汗堡"

图27-6　东南小寺遗址

图27-7 佛教壁画

图27-8 刺绣回鹘女供养人像

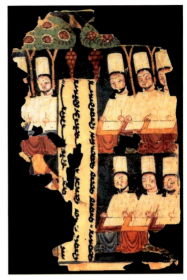
图27-9 回鹘文题词摩尼教书卷残页

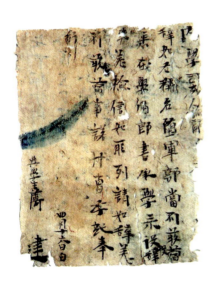
图27-10 文书

图27-11 木雕佛像

图27-12 回鹘男供养人麻布幡

图27-13 石雕佛塔

图27-14 铜菩萨

图27-15 景教壁画

乌什喀特古城
Ancient City of Ushkart

一、【事实性信息】

乌什喀特古城（Ancient City of Ushkart）史称它乾城，位于天山南麓，是公元1—2世纪初中华帝国东汉王朝西域都护府所在地，也是中央王朝管理西域的最高军政中心，属丝绸之路沙漠路线的重要节点城镇。古城地处新疆维吾尔自治区阿克苏地区新和县玉奇喀特乡。

古城占地面积约116hm²，三重城墙，分为外城、内城及宫城。外城平面为不规则长方形，大致呈东西向坐落，东西长1 450m，南北宽800m，残高约3m。外城东、南、西墙残存低缓的墙垣，北墙已辟为农田。内城平面近方形，保存尚好。城墙长、宽约350m，高2—4m，基宽10m左右，内城门开在西墙正中，门宽约8m。宫城平面呈长方形，南北向坐落，城墙南北长100m，东西宽80m，残高约5m，门开在南墙正中，宽约5m。城内出土印章等物。

二、【丝路关联和价值陈述】

乌什喀特古城是目前所知新疆地区最大的一处古城遗址，见证了丝绸之路上西域都护府由乌垒城向西推进的历史过程，表明中央王朝管理西域最高军政中心转移到了龟兹地区，反映了中央王朝对西域地区管理的进一步加强。

参考文献：
陈凌.丝绸之路的古城[M].西安：三秦出版社，2015.
王瑟.东汉西域都护府所在地为新疆新和县玉奇喀特古城[N].光明日报，2017-12-13（12）.

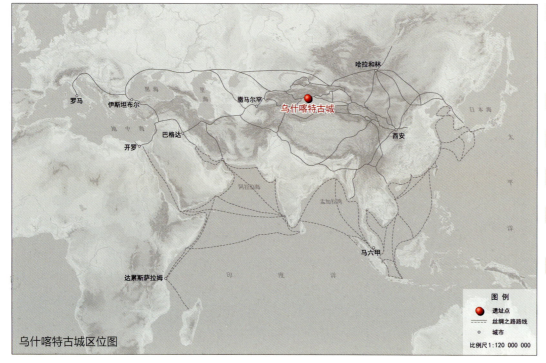

乌什喀特古城区位图

类型
古遗址
地点
新疆维吾尔自治区阿克苏地区新和县
遗存年代
公元前3—公元1世纪
保护地位
自治区级文物保护单位
地理区位
东亚天山南麓
政权 -（统治）民族
龟兹国 - 龟兹、中国汉朝 - 汉族
丝路关联属性
见证了丝绸之路上西域都护府由乌垒城向西推进的历史过程，表明中央政府管理西域最高军政中心转移到了龟兹地区，反映了中央政府对西域地区管理的进一步加强。

图28-1 古城鸟瞰

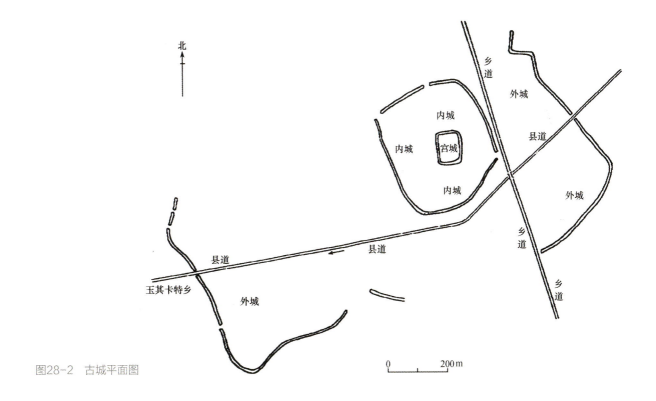

图28-2 古城平面图

西海郡故城遗址
Site of Xihai Jun City

一、【事实性信息】

西海郡故城（Xihai Jun City）位于青藏高原东北部，是公元4年中华帝国西汉王朝设置的西海郡城，属丝绸之路的军事重镇和中转站。遗址位于今青海省海北州海晏县。西海郡随新莽王朝（9—23年）崩溃而废弃，东汉永元（89—105年）中一度恢复，后复废。

西海郡古城平面为梯形，东西长600—650m，南北宽600m，城墙残高4—8m。城四面各设一门。城内南部较高，有三处隆起地带，应为当时的主要建筑区。

城址内出土文物中，最为重要者为汉代"虎符石匮"，全器尺寸约140cm×117cm×206cm。正面刻有铭文"西海郡虎符石匮，始建国元年十月癸巳，工河南郭戎造"。城内还曾采集到卡约文化夹砂粗陶片，西汉王莽时期的五铢钱、货币、货泉、大泉五十等货币及钱范，以及东汉时期的铭文、瓦当等。

二、【丝路关联和价值陈述】

西海郡故城是丝绸之路上的军事重镇，是古代丝绸之路连结甘青地区的中转站，对确保丝绸之路畅通、贸易活动繁荣、中西方文化交流、民族徙居、军事防御都曾发挥过不可替代的作用。

参考文献：
安志敏. 青海的古代文化 [J]. 考古, 1959 (7): 375–83.
李智信. 青海古城考辨 [M]. 西安: 西北大学出版社, 1995.
李零. 王莽虎符石匮调查记 [J]. 文物天地, 2000 (4): 25–27.
张世杰. 青海新莽西海郡虎符石匮铭刻 [J]. 中国书法, 2013 (7): 176–177.

西海郡故城遗址区位图

类型
古遗址
地点
青海省海北州海晏县三角城镇
遗存年代
1世纪
保护地位
全国重点文物保护单位
地理区位
东亚青藏高原
政权-（统治）民族
中国汉朝-汉族
丝路关联属性
古代丝绸之路连结甘青地区的中转站，对确保丝绸之路畅通、贸易活动繁荣、中西方文化交流、民族徙居、军事防御都曾发挥过不可替代的作用。

图29-1　西海郡故城遗址全景

图29-2　西海郡故城遗址东门

图29-3　西海郡故城遗址城墙断面

图29-4　虎符石匮正面

图29-5　虎符石匮侧面

图29-6　汉代瓦当

石头城遗址
Site of Stone City

一、【事实性信息】

石头城（Stone City）位于帕米尔高原东部，是约公元1—8世纪揭盘陀国都城、公元8世纪中华帝国唐王朝葱岭守捉驻地，属丝绸之路在西域的重要交通和贸易节点。遗址地处新疆塔什库尔干县城北、阿法尔斯亚夫山和塔什库尔干河西南的高丘上，始建于晋唐时期。

石头城是我国最西端高原地带保存较好的一处古遗址，总面积10.7万 m^2，城垣周长约1 285m。现存晋唐时期的城墙、城门、寺院、居住遗址，与清代蒲犁厅衙署建筑叠压。石头城城基为石砌，有马面。北城墙为土坯结构，长约80m；东城墙为石砌，墙基长约350m，南、西两面城墙分别长375m、180m，仅见墙基和砾石。城门一座，已无建筑痕迹。佛寺遗址由土坯砌筑，尚存少量彩色壁画。居住址房屋为半地穴式，砾石砌筑。城内出土器物包括陶片、唐代铜钱、梵文写本等。城址以北150m为揭盘陀国公共墓地，发现精致箱式木棺。

二、【丝路关联和价值陈述】

石头城遗址位于丝绸之路新疆段的最西端，曾是商旅们进入南亚、西亚贸易的门户。塔什库尔干的维吾尔语意为"石头城堡"，汉代时，这里是西域三十六国之一的蒲犁国的王城。唐朝统一西域后，这里设有葱岭守捉所。该遗址是丝绸之路的重要历史见证。

参考文献：
本书编辑委员会. 全国重点文物保护单位：第Ⅲ卷[M]. 北京：文物出版社，2004: 604.
西仁·库尔班. 塔什库尔干地区主要考古发现与名胜古迹[J]. 新疆大学学报（哲学社会科学版），2002(3):79–83.
王瑟. 新疆塔什库尔干石头城遗址考古获重大发现[OL]. 光明日报，2017-2-8[2018.2.22]. http://news.gmw.cn/2017-02/08/content_23662673.htm.

类型	古遗址
地点	新疆维吾尔自治区塔什库尔干县
遗存年代	1—9世纪
保护地位	全国重点文物保护单位
地理区位	东亚帕米尔高原
政权 -（统治）民族	揭盘陀国，中国唐朝 – 汉族
丝路关联属性	作为丝绸之路新疆段最西端城市，是丝绸之路在中国出境的历史见证。

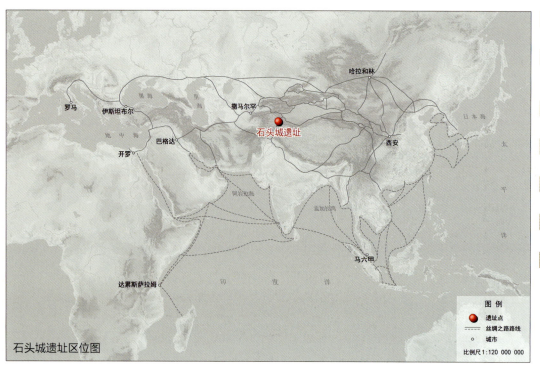

石头城遗址区位图

图30-1 石头城遗址

图30-2 石头城遗址全景

龟兹故城
Site of Kucha City

一、【事实性信息】

龟兹城（Kucha City）位于天山南麓、塔里木盆地北缘，是公元1—10世纪龟兹国都、中华帝国唐王朝"安西四镇"之一，属丝绸之路沙漠路线的重要节点城镇。龟兹故城，今称皮朗古城，地处新疆维吾尔自治区阿克苏地区库车县，遗存年代为汉唐时期。

龟兹故城平面略呈方形，总面积约7km²，城垣夯土版筑，周长约7 000m，东墙曾发现马面，目前仅残存西北一段和西南一角，东、南、北三面城墙尚可辨认。城内现存9座大土墩。城垣北面和西面，分别有麻扎甫塘塘火祆教墓地、墩买里墓地两处古墓地。城内外曾发现13处建筑遗迹，其中城内7处，据推测其中可能有佛寺和军事设施；城外建筑遗迹有6处。城内出土器物有银器、陶器、石器、钱币窖藏、建筑构件、壁画等。

龟兹曾是西域三十六国中最大的王国。658年（唐高宗显庆三年），唐平龟兹，设龟兹、焉耆、于阗、疏勒四镇，将安西都护府由西州交河城（今交河故城）移至龟兹。今古城北门外的雀鲁拔克土墩，据推测为安西都护府重要指挥中心之一。遗址为方形黄土台，面积约22.8m×22m，高约2.8m。台面三部有筒瓦、板瓦、压纹地砖，以及较多的红陶片等。

二、【丝路关联和价值陈述】

龟兹是西汉丝绸之路北道即东汉丝绸之路中道上的重镇，也是西域中心地带重镇，是汉唐时期中央王朝统治和管理西域地区的重要见证。城内遗物反映了胡汉多民族杂居，以及佛教与祆教等不同宗教并存现象。

参考文献：
陈凌.丝绸之路的古城[M].西安：三秦出版社，2015.
林梅村.龟兹王城古迹考[J].西域研究，2015 (1):48-58.

龟兹故城区位图

类型
古遗址
地点
新疆维吾尔自治区阿克苏地区库车县
遗存年代
1—10世纪
保护地位
全国重点文物保护单位
地理区位
东亚天山南麓
政权-（统治）民族
龟兹国-龟兹，黑汗王朝-突厥，西辽-契丹，中国元朝、察合台汗国、准噶尔部-蒙古
丝路关联属性
作为西域中心地带重镇，曾是丝绸之路上的重要驿站。

城镇 145

图31-1 龟兹古城遗址

图31-2 斯坦因所绘皮朗古城平面图

图31-3 皮朗墩出土铜花押

图31-4 麻扎甫塘墓地出土陶器（左）和纳骨器（右）

艾斯克萨古城遗址
Ancient City of Aski Sahr

一、【事实性信息】

艾斯克萨古城（Ancient City of Aski Sahr）位于塔里木盆地西端，是汉唐时期喀什地区重要城镇，属丝绸之路沙漠路线上的节点城镇。艾斯克萨在维吾尔语中意为"废城""破城"，古城遗址地势较高，东临吐曼河，南侧为悬崖，易守难攻。

古城现存面积约 1 500m²。古城北墙现残长约 180m，高 3.5m 左右，墙基宽度 5—6m。西墙较短，向南延伸 50m 余，高约 3m。

二、【丝路关联和价值陈述】

对艾斯克萨古城的考证大致有几种说法：第一种观点认为该城为东汉时疏勒国的乌即城；第二种观点认为该城是唐代的疏勒镇；第三种观点则认为该城的时间是 9—10 世纪初，是喀什信仰佛教的统治者诺和脱热西提的城。

参考文献：
新疆维吾尔自治区文物局. 新疆维吾尔自治区第三次全国文物普查成果集成：喀什地区卷[M]. 北京：科学出版社, 2011.
新疆维吾尔自治区文物局. 不可移动的文物：喀什地区卷 1[M]. 乌鲁木齐：新疆美术摄影出版社, 2015.

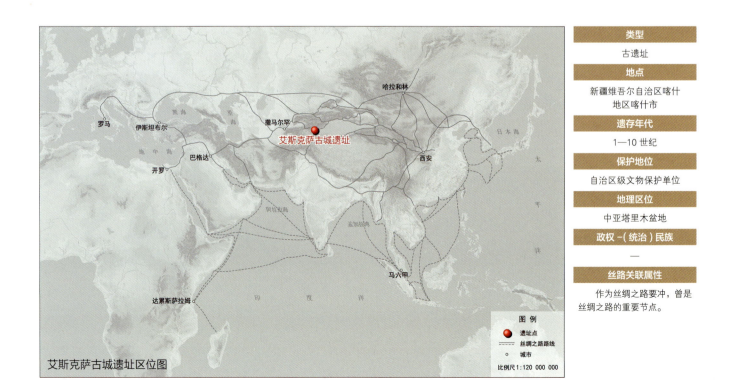

艾斯克萨古城遗址区位图

类型
古遗址
地点
新疆维吾尔自治区喀什地区喀什市
遗存年代
1—10 世纪
保护地位
自治区级文物保护单位
地理区位
中亚塔里木盆地
政权 -（统治）民族
—
丝路关联属性
作为丝绸之路要冲，曾是丝绸之路的重要节点。

楼兰故城遗址
Site of Loulan City

一、【事实性信息】

楼兰故城（Loulan City）位于塔里木盆地东端，存续时间大致为公元3—5世纪，属丝绸之路沙漠路线上的节点城镇。遗址地处若羌县罗布泊镇偏北81.5km处的罗布泊荒漠的风蚀地貌中。

楼兰故城遗址主要由古城遗址和郊外建筑遗址组成。城址大致呈方形，总面积 $10.82hm^2$。东墙长约333.5m，南墙长329m，西和北墙各长327m，部分残存。城墙为夯筑，间以红柳枝层。根据城内建筑的形式、功能与布局，可分为官署区、住宅区和佛寺区三部分，其中重要建筑物有佛塔、"三间房"和木构宅院等。城内散落着众多的木质建筑构件；城内外陶片、炼渣散布。郊外建筑遗址主要分布在古城的西北方向和古城四周，包括小佛塔、烽火台和瞭望台及几处木构建筑、土坯建筑遗存。楼兰古城遗址出土文物类型繁多，包括玉器、陶器、石器、铜铁器、骨、木、角器、漆器和丝、毛、麻、皮等生产、生活用具，其中重要文物包括有纪年的汉文木简、纸文书及佉卢文木片、木牍、早期粟特文文书等。

二、【丝路关联和价值陈述】

楼兰故城地处汉晋时期连接东西方文明的交通要道，对维护陆上丝绸之路的交通，促进东西文化、经济的交流与繁荣发挥过至关重要的作用。楼兰古城的建筑、建筑群以及文化景观，都展现了特定历史时期，特定政治、文化背景下独特的中西交融的城市面貌，是东西文化相互沟通的产物，是西域历史演化的代表性遗产。

参考文献：
新疆维吾尔自治区文物局. 新疆维吾尔自治区第三次全国文物普查成果集成：巴音郭楞蒙古自治州卷[R]. 北京：科学出版社，2011：25.

楼兰故城遗址区位图

类型
古遗址
地点
新疆维吾尔自治区巴音郭楞蒙古自治州若羌县
遗存年代
3—5世纪
保护地位
全国重点文物保护单位
地理区位
东亚塔里木盆地
政权 –（统治）民族
魏晋 – 汉族
丝路关联属性
楼兰故城遗址是公元3—5世纪陆上丝绸之路上最具影响力的重镇，它对于维护东西方交通，促进东西文化、经济的交流与繁荣发挥过至关重要的作用。

图33-1 自楼兰遗址佛塔遗迹经风蚀地向东南望

图33-2 LA.I古代居住遗迹及佛塔

图33-3 LA.II遗迹之东南部

图33-4 LA.IX古代佛塔及居住遗迹

图33-5 LA.X佛塔遗迹

图33-6 LA.XI倾颓的佛塔土墩

图33-7 佛塔遗迹

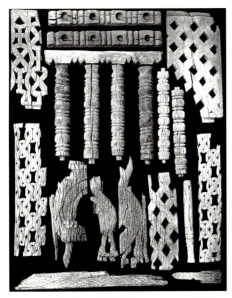

图33-8 各种木雕（楼兰L.B.II.IV.V遗址）

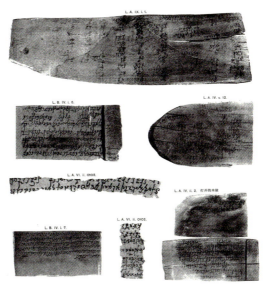

图33-9 写在木板和纸上的佉卢文

图33-10 贵霜铜币

巴林贸易港考古遗址
Qal'at al-Bahrain – Ancient Harbour and Capital of Dilmun

一、【事实性信息】

巴林贸易港考古遗址（Qal'at al-Bahrain-Ancient Harbour and Capital of Dilmun）位于波斯湾西南岸，曾是兴起于约公元前2000年的迪尔蒙（Dilmun）文明的古都，公元3—16世纪属海上丝绸之路波斯湾的重要港口。其地处巴林王国首都麦纳麦以西5km，紧邻巴林北海岸。始建于公元前3世纪，沿用至公元16世纪。

现存遗址包含分布范围17.5hm²的考古区域，拥有连续而丰富的考古地层，代表了从公元前3世纪—公元16世纪历代人类一直在此居住的历史。遗存包括3大类型：巴林堡垒、沿海城堡以及外围的城墙等城堡遗迹，距考古区西北约1 600m的海塔遗迹；一条穿过海塔附近礁石的不到16hm²的海道；围绕着以上区域的棕榈树林和传统的农业区。其中巴林堡垒（"卡拉特"，Qal'atal-Bahrain，考古区）为典型的台形土墩遗址，规模边长300m×600m，包括不同类型的房屋遗存：住宅、公共设施、商业、宗教和军事设施等。出土物包括独特的陶器、印章等。

二、【丝路关联和价值陈述】

公元3—16世纪，巴林贸易港考古遗址是连接中国和地中海地区之间的海上丝绸之路在波斯湾的贸易中心港口遗迹。来自当时世界不同地区的人们和传统在这里相遇，生活和开展商业活动，如早期（公元前3世纪—公元前1世纪）的印度河流域与两河流域及晚期（3—16世纪）的中国和地中海区域。充分的贸易与交流活动，使这里成为一个真正的文化交汇点，并形成了独特的地域建筑和文化特点。

参考文献：
UNESCO. Qal'at al-Bahrain – Ancient Harbour and Capital of Dilmun [EB/OL].http://whc.unesco.org/en/list/1192, 2020-07-29

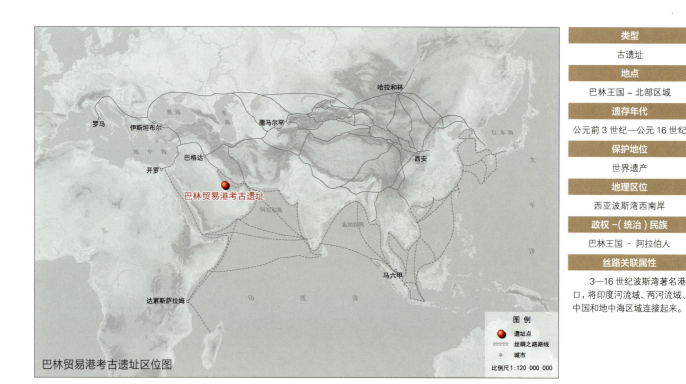

巴林贸易港考古遗址区位图

类型
古遗址
地点
巴林王国 – 北部区域
遗存年代
公元前3世纪—公元16世纪
保护地位
世界遗产
地理区位
西亚波斯湾西南岸
政权 –（统治）民族
巴林王国 – 阿拉伯人
丝路关联属性
3—16世纪波斯湾著名港口，将印度河流域、两河流域、中国和地中海区域连接起来。

城镇 151

图34-1　巴林贸易港考古遗址航拍（从南向北视角）

图34-2　巴林贸易港考古遗址航拍（从北向南视角）

图34-3 巴林贸易港考古遗址城堡局部

图34-4 巴林贸易港考古遗址拱门

统万城遗址
Site of Tongwan City

一、【事实性信息】

统万城（Tongwan City）位于黄土高原与鄂尔多斯高原交界处，是公元 413—427 年匈奴建立的夏国都城，属丝绸之路上的贸易、军事重镇。统万城地处陕西省榆林市靖边县内的无定河北岸，东北距榆林市直线距离 83km。

城址是统万城遗产的主体部分。统万城城址的构成可分为东西并列、共用中间城墙的西城、东城，以及嵌套在两城外呈刀把形的外郭城。西城是十六国时期大夏都城的统治中心，面积 36.79hm²，由封闭式防御体系、城内建筑基址组成。文献记载其具有极好的防御能力，并模拟中原都城设有宫殿、苑囿等建筑。其防御体系由四角带隅墩和每面带马面的城垣以及南、北、西三面壕沟围合。南、北、西三面各发现有一处带瓮城的城门，东门址尚未确定。城内建筑基址以南部夯土台（永安台）最为显著。西城西部为沙梁所覆盖，不易进行考古工作；在东北部、东南部的全面勘探工作中，共发现各类遗迹 231 处，包括建筑夯土基址、古井、道路遗迹等。

东城面积 40.36hm²，由封闭式防御体系、城内建筑基址组成。其防御体系由四角带隅墩和三面带马面的城垣以及南、北、东三面壕沟围合，目前仅发现疑似南门址一处。建筑基址以中部夯土基址、东部唐末五代基址最为显著。在全面勘探工作中，共发现各类遗迹 285 处，包括建筑夯土基址和古井等。

外郭城面积 770hm²，东南部被冲毁。外郭城由封闭式防御体系、城内建筑基址组成。其防御体系由转角处带隅墩的城墙围合，尚未发现马面、壕沟、城门等遗迹。建筑基址以东北隅墩夯土遗迹和部分北墙夯土遗迹最为显著。目前，考古勘探共发现各类遗迹 71 处，包括建筑夯土基址、古井等。

二、【丝路关联和价值陈述】

统万城作为与匈奴相关的最后一座都城，也是保存最好

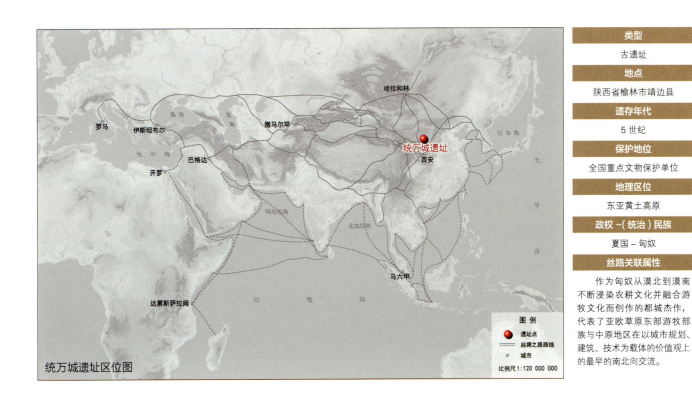

统万城遗址区位图

类型
古遗址
地点
陕西省榆林市靖边县
遗存年代
5 世纪
保护地位
全国重点文物保护单位
地理区位
东亚黄土高原
政权－(统治)民族
夏国－匈奴
丝路关联属性
作为匈奴从漠北到漠南不断浸染农耕文化并融合游牧文化而创作的都城杰作，代表了亚欧草原东部游牧部族与中原地区在以城市规划、建筑、技术为载体的价值观上的最早的南北向交流。

的一处单于庭，代表了留存至今的匈奴城址的最高成就。以包括公元 5 世纪初的城址，城郊的祭祀遗址、墓葬群，以及所处地理环境在内的完整体系，共同见证的不仅是十六国时期大夏国的历史，更是兴起于公元前 3 世纪、消逝于公元 5 世纪的匈奴文化传统。统万城是匈奴从漠北到漠南不断浸染农耕文化并融合游牧文化而创作的都城杰作，代表了亚欧草原东部游牧部族与中原地区在以城市规划、建筑、技术为载体的价值观上的最早的南北向交流。统万城在城市规划中仍保留了较多游牧特色，其后的游牧帝国早期都城也都体现出这一特性。

参考文献：
中国建筑设计研究院建筑历史研究所《统万城》项目内部资料.

图35-1　遗址全景航拍

图35-2　西城遗址全景航拍

图35-3 东城遗址全景航拍

图35-4 西南隅墩（东南向西北）

伏俟城遗址
Site of Fusi City

一、【事实性信息】

伏俟城（Fusi City）位于青藏高原东北部，是公元5—7世纪鲜卑人建立的吐谷浑国都，属丝绸之路的重要节点城镇。城址坐落于青海省海南州共和县，地处莱济河冲积扇中部，南依石乃亥北山，北临莱济河，地势自西向东倾斜。城址所在区域海拔3 200m，是青海湖流域中地势最为平缓开阔的部分，为一水草丰美的草原。城址始建于公元4世纪末。

城址略呈方形，南北长210m，东西阔240m，残高7—12m，基宽18m，顶宽3m，城开东门。城内自城门起向西有一中轴线，中轴线两旁各有隆起的长50m、宽35m的3个互相连接的房屋基址。最西边又有一小方院，东西长70m，南北宽68m，东边有门，南北及东墙高于现在的地面，两墙与城的西城墙重合。小方院与南城墙之间还有一个夯土台，长15m，高9m，台上有房屋遗迹。城内有通衢，与城墙的方向一致，东西向与南北向交织成棋盘式布局。在城内发现有大量的瓦片和少量碎陶片等文化遗物。

古城外周曾有长方形外郭，目前只见外郭南墙残存，为砾石筑成，其高度仅隆起地表，长度约1 400m。东、西、北三面外郭墙由于莱济河水的冲刷，均遭破坏。另外，外郭城的中轴线和古城的中轴线不甚一致，略微偏向东南，并为南北稍偏东西的内墙隔成东西两部，西部呈方形，面积较大；东部作长方形，面积较小，目测东部的面积几乎只是西部面积的三分之一。

二、【丝路关联和价值陈述】

伏俟城是古代青海南丝绸之路上的重要都城，集政治、军事、文化、经济、贸易于一体，东联西平（西宁），西临格尔木，是古代青海南丝绸之路上联系甘肃、新疆两地的中转站，战略地位十分重要。伏俟城是研究东西文化交流，丝绸之路南路历史，青海古代文化以及该地区古代社会政治、经济、军事、建筑、宗教等各方面历史的实物例证。当时经贸活动十分活跃，多种经济文化在这里交流融合，形成独特的地域文化，见证了中西文化交流史上永久的辉煌。

参考文献：
黄盛璋, 方永. 吐谷浑故都：伏俟城发现记 [J]. 考古, 1962 (8): 436–440.
朱悦梅. 吐谷浑王都伏俟城选址斠议：兼谈游牧民族建都选址的观念 [J]. 中国历史地理论丛, 2011, 26(2): 89–97.
中国建筑设计研究院建筑历史研究所《丝绸之路：长安—天山廊道的路网》项目内部资料.

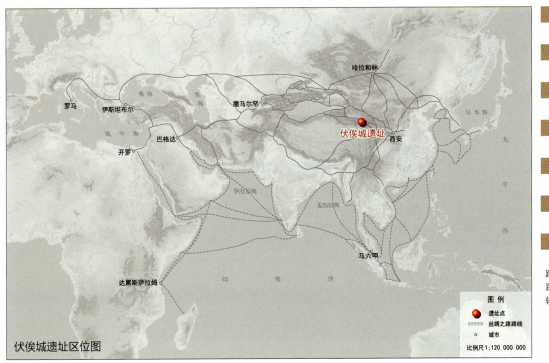

伏俟城遗址区位图

类型
古遗址
地点
青海省海南州共和县
遗存年代
5世纪末—7世纪
保护地位
全国重点文物保护单位
地理区位
东亚青藏高原
政权-(统治)民族
吐谷浑国 – 吐谷浑
丝路关联属性
作为古代青海南丝绸之路上的重要都城，曾是丝绸之路上联系甘肃、新疆两地的中转站和战略要地。

图36-1 伏俟城遗址全景

图36-2 伏俟城遗址

图36-3 伏俟城遗址东南角

图36-4 伏俟城遗址西北角

图36-5 伏俟城遗址西南角

图36-6 伏俟城遗址内瓮城

片治肯特
Ancient Penjikent

一、【事实性信息】

片治肯特（Ancient Penjikent）位于中亚河中地区，是粟特人于公元5—8世纪建立的城市，曾在公元7—8世纪间为城邦自治小国，属丝绸之路的重要商贸城市。古城地处塔吉克斯坦布哈拉州片治肯特新城南部、泽拉夫尚河谷南岸的台地上，西距撒马尔罕60km。该城始建于5世纪，在7世纪时达到顶峰，于8世纪彻底废弃。

城址平面大略呈长方形，面积近15hm²，城墙外有郊区。城西还有一座城堡，被一条山沟与主城隔开。片治肯特具有典型的城市结构，夯土城墙建于5世纪，城内有8条主街、10个街坊、神庙建筑群、2个市场，建筑密度极高，尽显城市的繁荣。

神庙建筑群位于城北部，面积超过1hm²。两座神庙建在人工土台上，平面布局相同。每座神庙坐西面东，由一中心建筑和围合形成的东、西院组成，东院通向街道。两座神庙南北相连。

考古发掘出城内富人住宅为层数2—3层的楼房，房间众多，面积可达2 100m²，并装饰有大量精美的壁画和雕刻木构件，显示出居民生活的奢华。而一处普通住宅的面积为60m²。

谷仓和市场证明了片治肯特存在商业。在古城东部的市场，有大量临街的富人住宅拥有商铺、手工作坊，它们紧邻住宅，但不相通。

壁画广泛存在于片治肯特的宫殿、神庙、住宅、谷仓等处，多以传说、各种神祇为主题，但没有表现商业活动的。城中曾发现大量钱币，其中一些还带有汉字。片治肯特的墓地中发现了景教徒的墓葬。

二、【丝路关联和价值陈述】

粟特商旅在丝绸之路上扮演了重要角色，片治肯特古城见证了粟特文明的黄金时代。古城位于中原至撒马尔罕的必经之路，见证了古代丝绸之路的繁荣和频繁的东西方经济、文化交流。

参考文献：
(美)芮乐伟·韩森.丝绸之路新史[M].张湛译.北京：北京联合出版公司，2015.
(俄)马尔夏克.突厥人、粟特人与娜娜女神[M].毛铭译.桂林：漓江出版社，2016.
Gangler, Gaube, & Petruccioli. (2004). Bukhara: The eastern dome of Islam : urban development, urban space, architecture and population. Stuttgart: Axel Menges.
Boris I. Marshak, "PANJIKANT," Encyclopædia Iranica, online edition, [DB/OL].http://www.iranicaonline.org/articles/panjikant, 2002-07-20/2020-07-29.

类型
古遗址
地点
乌兹别克斯坦布哈拉州
遗存年代
5—8世纪
保护地位
世界遗产
地理区位
中亚河中地区
政权 -（统治）民族
粟特
丝路关联属性
作为5—8世纪繁荣的粟特城市，曾是丝绸之东西方经济、文化交流节点。

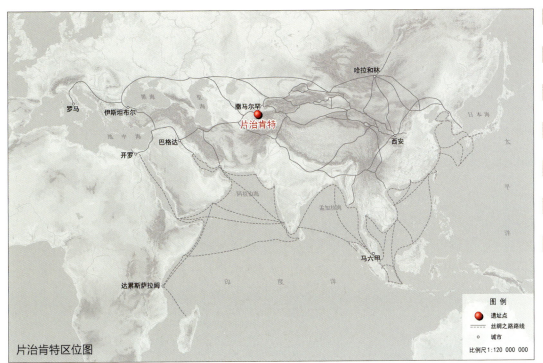

片治肯特区位图

图37-1 片治肯特街景

图37-2 片治肯特的房屋的门厅

图37-3 片治肯特古城带谷仓的大厅（从南向北，北墙壁画《骑狮娜娜女神》）

图37-4 壁画

新城
City of Nevaket

一、【事实性信息】

新城（City of Nevaket）位于七河地区的楚河流域，是突厥于公元6—12世纪建立的喀喇汗国的首都之一、中亚地区的伊斯兰文化中心，属丝绸之路的中心城镇。新城遗址又名科拉斯纳亚·瑞希卡遗址（Krasnaya Rechka Site），地处比什凯克以东40km处，是楚河河谷中最大的中世纪聚居地，遗存年代为6—12世纪。

新城的主要遗址包括城址、城塞和城郊，总面积超过400hm²。遗址分布区中心的遗存包括分为第一、第二城址区的城址，及其西侧和南侧的宫殿、佛寺等遗址，面积约100hm²。城郊则由长墙围合，面积近2 000hm²。

第一城址区和城塞占地共46hm²，东、北两面有城门痕迹。第二城址区位于城址西北部，总面积19hm²。第一、第二城址区由城墙和城壕分隔。城塞位于城址区城墙的东南角，是城址中最高的建筑，相对高程21m。

喀喇汗国宫殿遗址位于城址以南1km的台地上，高于城塞，代表着遗址的绝对至高位置。台基呈方形，底部边长60m，顶部边长40m。

1号佛寺已不存，现存下面地层的粟特城堡，约建于公元6—7世纪，占地75m×75m。

2号佛寺为公元7—8世纪遗存，占地17m×17m，由一座6m×5m的穹顶建筑和一个带顶走廊组成。曾出土一尊长8m的陶制佛像残块和菩萨像，以及壁画残片、汉字碑刻、梵文手稿残片、镀金菩萨铜像以及粟特和印度的神像。

3号佛寺位于遗址的西部偏远处，距离城塞1 300m，是一组更大的——七河地区最大的——佛教建筑群的一部分，占地250m×150m，可以推测中心山是一座佛塔。建筑群的南、北两侧为大型墓地。

北侧墓地和佛寺建筑群颇似附属于城址，其外墙与城址相接，由壕沟和沼泽隔开。南侧墓地是一系列与城址区不相连的土丘，曾发掘出祆教墓葬。南侧墓地附近的墓葬中还曾发现绘有类似景教传教士的形象。

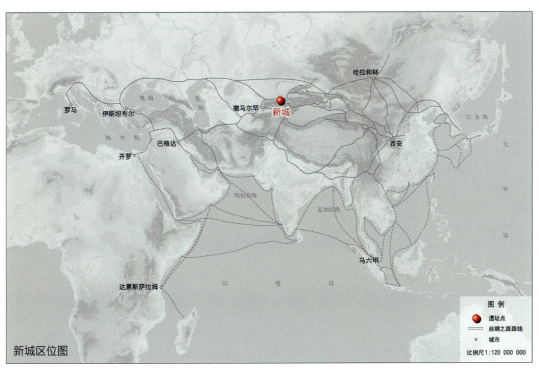

新城区位图

类型
古遗址
地点
吉尔吉斯斯坦比什凯克
遗存年代
6—12世纪
保护地位
世界遗产
地理区位
中亚七河地区
政权 -（统治）民族
西突厥、突骑施汗国、喀喇汗国－突厥
丝路关联属性
作为喀喇汗国的首都之一、中亚地区的伊斯兰文化中心，曾是楚河河谷和天山地区最重要城市之一。

二、【丝路关联和价值陈述】

新城遗址是楚河河谷和天山地区最重要城市之一。在宗教和民间建筑方面,我们可以看到红河新城融合了突厥、印度、粟特和中国文化,形成了优秀的区域文化交流,展现了祆教、景教、佛教的传播。

参考文献:

State Administration of Cultural Heritage of the People's Republic of China, Ministry of Culture and Information of the Republic of Kazakhstan, Ministry of Culture and Tourism of the Kyrgyz Republic. Silk Roads: the Routes Network of Chang'an-Tianshan Corridor[M/OL]. http://whc.unesco.org/uploads/nominations/1442.pdf, 2020-07-29.

图38-1　遗址航拍

图38-2 城址区航拍

图38-6 喀喇汗国宫殿遗址航拍

图38-3 第一城址区考古发掘

图38-4 1号佛寺遗址航拍

图38-7 2号佛寺遗址航拍

图38-5 城塞遗址

图38-8 西部遗存堆积

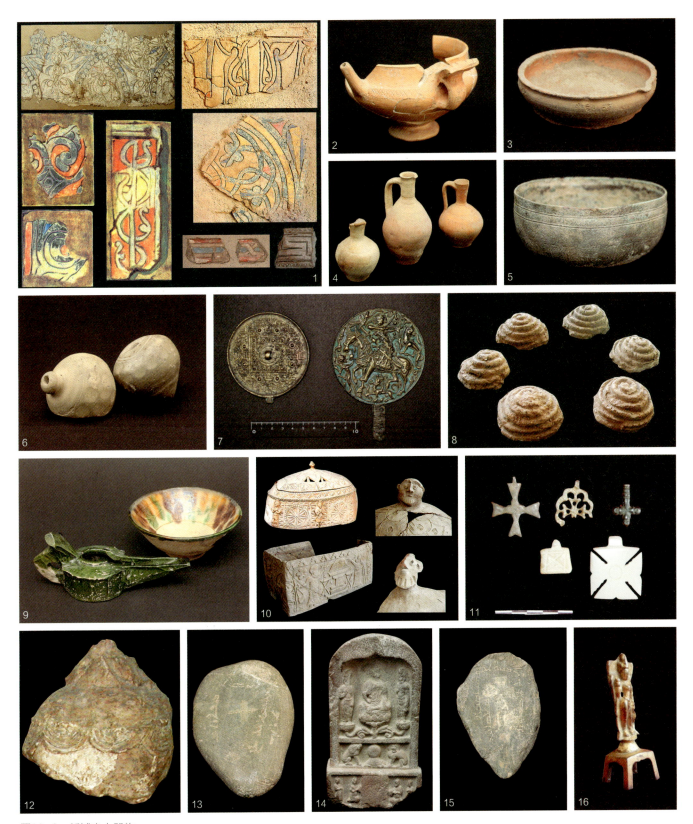

图38-9 新城出土器物

1.建筑装饰残片 2.陶器 3.陶器 4.陶器 5.阿拉伯文铭文铜杯 6.陶器 7.中国和粟特铜镜 8.佛髻 9.釉陶器 10.祆教葬器 11.景教十字架 12.2号佛寺遗址黏土雕像头部残块 13.景教墓石 14.佛教造像碑 15.景教墓石 16.铜质佛像

科斯托比遗址
Site of Kostobe

一、【事实性信息】

科斯托比遗址（Site of Kostobe）位于七河地区的塔拉斯河流域，是突厥在公元6—12世纪建立的重要贸易城市遗址，属丝绸之路在七河地区西南的文化、商业和制造业中心。其地处哈萨克斯坦江布尔州萨雷克梅（Sarykemer）镇东面、塔拉斯河右岸，在洪泛平原的第一阶地上。

科斯托比聚落的中心遗址，是一处由双重城墙和城壕包围的矩形台地，平面为420m×450m。外重墙高3.5m，内重墙最高处5m，有四道城门，城墙塔楼现存高度为3.5m。遗址西墙中部为城塞（6—12世纪），现状为一平顶土丘，底部70m×80m，高12—15m，顶部为宫殿。西城墙的城门与城塞入口相连。城内西南部为1号城区（6—12世纪），规模150m×150m，有围墙。城内中心地带为2号城区（6—12世纪）。1号墓地（6—9世纪）位于城北一山丘上，规模10m×7m，高5m。2号墓地（6—9世纪）位于1号墓地西北70m一圆形山丘，大部分墓葬是用泥砖建造的矩形和正方形墓室。圆顶形小丘（火神庙）位于城址区北侧200m，直径为80m，高15m。

二、【丝路关联和价值陈述】

科斯托比遗址的出土物与中亚的阿弗拉锡阿卜、瓦拉赫沙等其他著名城市的出土物相似，表明了丝绸之路沿线的塔拉斯河谷城市存在文化和商业联系。

参考文献：
State Administration of Cultural Heritage of the People's Republic of China, Ministry of Culture and Information of the Republic of Kazakhstan, Ministry of Culture and Tourism of the Kyrgyz Republic. Silk Roads: the Routes Network of Chang'an-Tianshan Corridor[M/OL]. http://whc.unesco.org/uploads/nominations/1442.pdf, 2020-07-29.

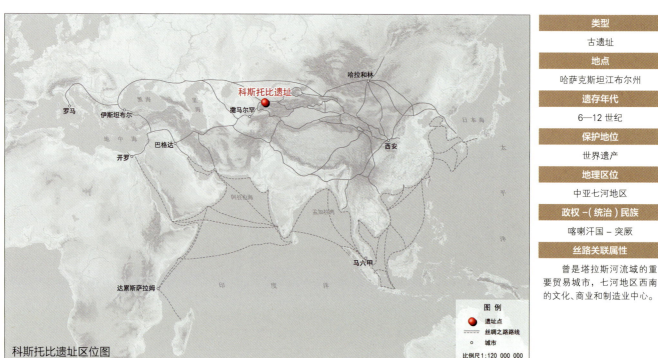

科斯托比遗址区位图

类型
古遗址
地点
哈萨克斯坦江布尔州
遗存年代
6—12世纪
保护地位
世界遗产
地理区位
中亚七河地区
政权-（统治）民族
喀喇汗国-突厥
丝路关联属性
曾是塔拉斯河流域的重要贸易城市，七河地区西南的文化、商业和制造业中心。

城镇 167

图39-1 遗址航拍

图39-2 遗址核心区航拍

图39-3 城塞（东向西）

图39-4 青铜柄上的女性形象
（7—8世纪）

图39-5 雕花泥塑（9—10世纪）

图39-6 金属蠼螋（7—8世纪）

碎叶城
City of Suyab

一、【事实性信息】

碎叶城（City of Suyab）位于七河地区的楚河流域，是公元7—10世纪间西突厥、突骑施汗国和葛逻禄汗国的首都，中华帝国唐王朝"安西四镇"之一，属丝绸之路的中心城镇。中国古代文献称其为"碎叶"或"素叶"。其遗址名为阿克·贝希姆遗址（Ak-Beshim Site），地处吉尔吉斯斯坦共和国楚河州，楚河南岸，距托克莫克西南6km，现存遗存年代为6—12世纪，总面积37.78hm²。

碎叶城的平面布局分为三个区域。1区是碎叶城的主要部分，有厚重的城墙，四边长度从北城墙起顺时针依次为600m、500m、700m、400m，面积35hm²。城内地面显著高于周围土地，城塞位于其西南角，底边为60m×60m。2区与1区相连，城墙稍薄，面积约60hm²，地表遗迹难寻。城区周围约1.5km范围内为郊区，由长16km的墙保护。

除城墙和城塞外，碎叶城1区内还发现了基督教堂、佛寺和墓地，出土器物包括石碑、基督教和佛教相关器物等。

二、【丝路关联和价值陈述】

碎叶城在中亚的政治历史中发挥了重要作用，曾是唐朝的主要边境要塞之一，见证了若干业已消失的突厥分支民族政权和唐帝国的影响，展现了与中亚西部和东突厥斯坦相同的建造和建筑技术。

参考文献：
State Administration of Cultural Heritage of the People's Republic of China, Ministry of Culture and Information of the Republic of Kazakhstan, Ministry of Culture and Tourism of the Kyrgyz Republic. Silk Roads: the Routes Network of Chang'an-Tianshan Corridor[M/OL]. http://whc.unesco.org/uploads/nominations/1442.pdf, 2020-07-29.

类型
古遗址
地点
吉尔吉斯斯坦共和国楚河州
遗存年代
6—12世纪
保护地位
世界遗产
地理区位
中亚七河地区
政权-（统治）民族
西突厥、突骑施汗国、葛逻禄汗国-突厥，中国唐朝-汉族
丝路关联属性
楚河谷的重要中心城镇，在中亚的政治历史中发挥了重要作用，是唐朝的主要边境要塞之一。

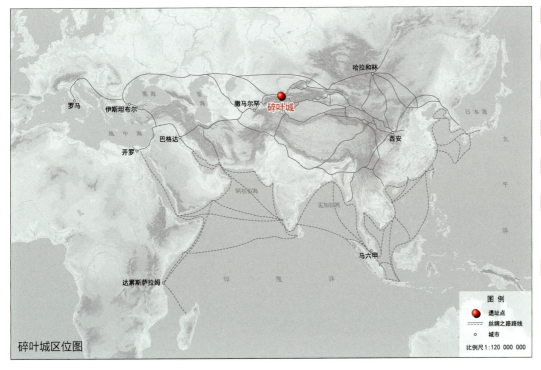

碎叶城区位图

图40-1 遗址航拍

图40-2 遗址航拍

图40-3　城塞的南墙

图40-4　景教建筑群（教堂A，房间3）

图40-5　景教建筑群（教堂A，房间3，北墙）

图40-6　景教建筑群（教堂A，房间3，局部）

图40-7　街道发掘现场

库兰遗址
Site of Kulan

一、【事实性信息】

库兰遗址（Site of Kulan）位于七河地区楚河流域，是突厥于公元6—13世纪建立的贸易城市遗址，属丝绸之路的中心城镇。遗址地处哈萨克斯坦阿拉木图州，包括城镇及周边一系列不同时期的遗址。

聚落被长长的城墙环绕，外有城壕。聚落的布局特点是以城塞及其外围城区遗址为核心，周围散布着城堡、宫殿、居址、墓地等一系列遗址。

在聚落核心区，中心城塞建在高7—8m的土台上，四角有高于地面的圆形遗迹。城塞外围是南北长320m、东西宽300m的居住区，有残高4—5m的围墙，在城墙四角和各边间隔30—35m处，均有圆形塔楼遗迹。

在聚落外围，遗址A（Lugovoye A，7—8世纪、10世纪）为城堡遗迹，正方形土台，高于周围地面5m，底部40m×30m，四面为斜坡。

遗址B（Lugovoye B，7—8世纪）为一农居点，位于城塞东南1.9km，土台高5m，底部25m×20m。台顶发现一处葡萄酒作坊。

遗址G（Lugovoye G，7—12世纪）是一处宫殿遗址，位于聚落中心东南2.8km，土台高5m，有围墙，底部45m×40.5m。宫殿为单层向心式布局，由多个敞厅围绕庭院组合而成。此处发现了建筑装饰构件和陶制头像等出土物。在装饰元素中，占主导地位的是勋章、玫瑰、棕叶、葡萄、珍珠等，与库兰雕刻中的主题相同。

遗址D（Lugovoye D，10—12世纪）为居址，平面为椭圆形，36m×30m，高2.5m。南北方向有矮墙连接至临近的山丘。该遗址中心是一座山丘，为火神庙遗迹。

喀拉喀特城堡（Tortkul Karakat，7—9世纪）位于聚落南端，遗址为方形土台，围墙转角有直径10—15m的圆形角台遗迹。

墓葬土丘（铁器时代初期）位于聚落北端，有7个直径8—44m、高0.5—2.5m的冢。聚落西端是乌孙聚落。

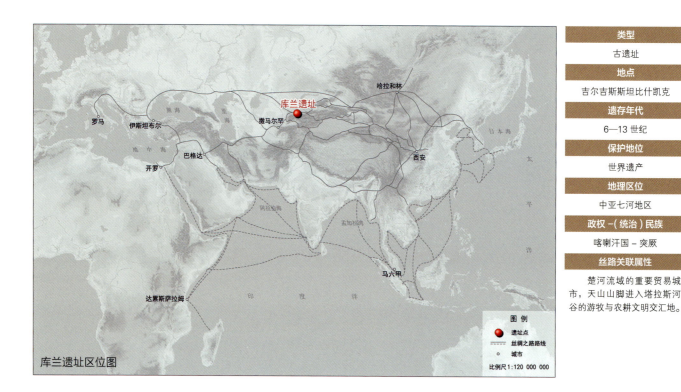

库兰遗址区位图
比例尺1:120 000 000

类型
古遗址
地点
吉尔吉斯斯坦比什凯克
遗存年代
6—13世纪
保护地位
世界遗产
地理区位
中亚七河地区
政权-(统治)民族
喀喇汗国-突厥
丝路关联属性
楚河流域的重要贸易城市，天山山脚进入塔拉斯河谷的游牧与农耕文明交汇地。

二、【丝路关联和价值陈述】

库兰城得以知名是源于 8—13 世纪的文献，在中国张骞的西行路线指南和唐朝历史书中，库兰城被称为 "Tzuilan"。在公元 9—10 世纪，阿拉伯作者在描述丝绸之路沿线的城市时提到了库兰城。

参考文献：

State Administration of Cultural Heritage of the People's Republic of China, Ministry of Culture and Information of the Republic of Kazakhstan, Ministry of Culture and Tourism of the Kyrgyz Republic. Silk Roads: the Routes Network of Chang'an-Tianshan Corridor[M/OL]. http://whc.unesco.org/uploads/nominations/1442.pdf, 2020-07-29.

图41-1　遗址D航拍

图41-2　遗址G考古发掘区（西北向东南）

图41-3 聚落中心航拍

图41-4 出土器物

1.刻划纹罐 2.陶罐 3.陶罐 4.陶罐 5.动物柄器盖 6.柄 7.王子头像 8.水银罐 9.雕花陶砖 10.雕花陶砖 11.雕花陶砖 12.雕花陶砖 13.雕花陶砖 14.雕花陶砖

柳中古城遗址
Site of Ancient Liuzhong City

一、【事实性信息】

柳中城（Ancient Liuzhong City）位于新疆吐鲁番盆地，是公元7—10世纪中华帝国唐王朝柳中县治所，属丝绸之路沙漠路线在西域的重要节点城镇，现存唐代遗迹。柳中城在汉唐时期先后称为"柳中""田地县""柳中县"。遗址在鄯善县鲁克沁镇西约500m处。

古城当年具有相当规模，平面呈长方形，南北长400m，东西宽约1km，周长约3km。现存城墙虽已不完整，但轮廓较清晰。现仅存古城西南角50余米一段，城墙夯筑，夯层厚约10cm。城墙保存最好的地段在古城西南角，高12m，底基宽5—8m。古城范围内，曾经见到具有唐代风格的陶器碎片，也曾出土过鎏金铜佛像。

二、【丝路关联和价值陈述】

柳中古城地处火焰山南麓，西望高昌故城，东通鄯善（唐蒲昌所在地），北有连木沁沟谷通往火焰山北，东南翻过库鲁克塔格，穿越哈顺沙漠可直抵敦煌，系吐鲁番盆地东南部咽喉要地，是盆地内重要的交通中转站。柳中古城所在地鲁克沁镇是丝绸之路要驿，地形基本上属于平原。

参考文献

新疆维吾尔自治区文物局. 不可移动的文物：吐鲁番地区卷3[M]. 乌鲁木齐：新疆美术摄影出版社，2015:116-117.

图42-1　柳中古城遗址

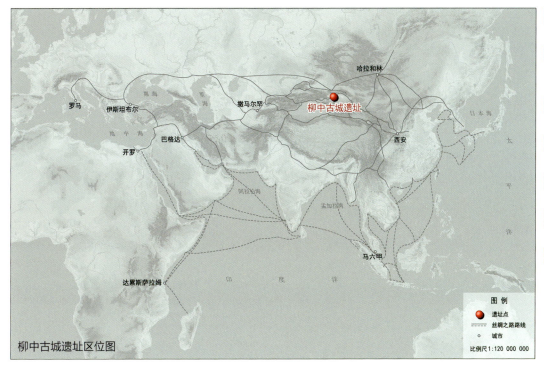

柳中古城遗址区位图

类型
古遗址
地点
新疆维吾尔自治区鄯善县鲁克沁镇
遗存年代
7—10世纪
保护地位
自治区级文物保护单位
地理区位
东亚天山南麓
政权 -（统治）民族
中国汉朝 - 汉族
丝路关联属性
柳中地处丝绸之路要冲，是汉唐时期中央王朝经营西域的重要屯田基地，也是历代丝绸之路通向中原的重要口岸和军事重镇。

呾逻斯
Taraz

一、【事实性信息】

呾逻斯，又名塔拉兹、塔拉斯；位于七河地区塔拉斯河流域，是公元7—12世纪中亚古城，突厥于公元10—12世纪建立的喀喇汗国都城之一，属丝绸之路上的贸易、宗教、文化节点城市。唐代典籍记作"呾逻私""怛逻斯"等。遗址地处哈萨克斯坦江布尔州塔拉兹市塔拉斯河西岸市区内。城址格局由城堡、内城、外城三部分组成。内城近方形，边长约400m；城堡位于内城北部，平面为长方形，东西、南北约170m×120m。外城推测为长方形，由东、南、西三面围绕内城，且在不同时期渐次扩张。城内还发现了浴场、储水和给水排水系统。

二、【丝路关联和价值陈述】

作为丝绸之路上最著名的城市之一，呾逻斯不仅是贸易枢纽，还是多种宗教兼容并蓄之地。中世纪的呾逻斯城具有重要的文化、宗教、经济和政治影响。

参考文献

刘未. 丝绸之路中亚段古代城市之考察[A]// 中国人民大学北方民族考古研究所、中国人民大学历史学院考古文博系.北方民族考古：第4辑.中国人民大学历史学院，2017:47.

A.B.Satanov. The role of the Great Silk Road in transmission of different religions in Central Asia and Kazakhstan[J]. Bulletin of the Karaganda University. Karaganda. 2014.

Dawkes, G 2013 Excavating a Silk Road City: the Medieval Citadel of Taraz, Kazakhstan. Archaeology International, No. 16 (2012–2013): 110–119, DOI: http://dx.doi.org/10.5334/ai.1603.

图43-1 呾逻斯城址考古平面图

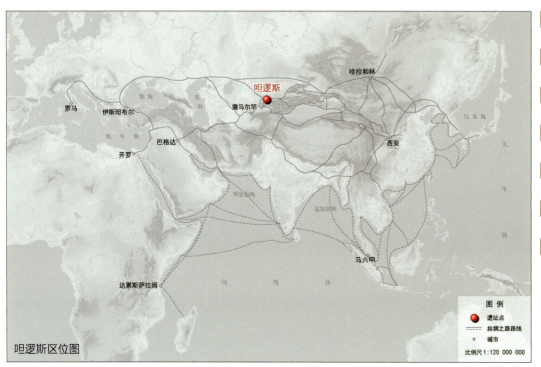

呾逻斯区位图

类型
古遗址
地点
哈萨克斯坦江布尔州塔拉兹市
遗存年代
7—12世纪
保护地位
—
地理区位
中亚七河地区
政权-（统治）民族
喀喇汗国—突厥
丝路关联属性
作为丝绸之路上最著名的城市之一，呾逻斯不仅是贸易枢纽，还是多种宗教兼容并蓄之地。

北庭故城遗址
Site of Bashbaliq City

一、【事实性信息】

北庭故城（Bashbaliq City）位于天山北麓，是公元7—14世纪中华帝国唐王朝庭州、北庭都护府治所，高昌回鹘王国的陪都，中国元朝北庭都元帅府和别失八里宣慰司，属丝绸之路的中心城镇。城址坐落于新疆维吾尔自治区吉木萨尔县北庭镇，地处东天山北麓坡前平原，南距高昌城（唐西州）140km，现存主要为7—13世纪（唐代至回鹘时期）的遗存。

北庭故城遗存主要包括北庭故城城址、城址西部的北庭高昌回鹘佛寺遗址（北庭西寺）两部分。现已发现的城址面积约141hm²，东西宽约850m，南北长约1 700m，现存内城、外城两重城墙，平面均呈不规则长方形。内、外城均包括墙体、马面、角楼、敌台、城门、城濠、建筑址、道路址等遗存，外城北墙中段北接羊马城。外城墙为658年（唐显庆三年）建造，高昌回鹘时期有修缮；内城墙为高昌回鹘时期建造。城内已发现12处建筑基址。北庭高昌回鹘佛寺遗址（北庭西寺）位于城址以西700m的西河坝东岸台地上，建造于高昌回鹘时期（10世纪中期至13世纪中期），是高昌回鹘王国的王家寺院。佛寺四面有环濠遗迹，整体平面呈南北长方形，南北残长70.5m、东西宽43.8m，现存最高点距地面14.3m。寺院整体呈前殿后塔的形式，北部为塔形正殿，塔各面残存二层环筑的洞窟式大龛。南部为配殿建筑群，沿中轴对称布置配殿、库房、僧房等附属建筑。除建筑遗址外，塔形正殿洞龛及南部配殿中还发现有大量佛教塑像和壁画。

二、【丝路关联和价值陈述】

北庭故城是在东汉金满城、魏晋时期的于赖城、隋末唐初的可汗浮图城的基础上发展而来的，唐代在此设庭州、北庭都护府（一度称北庭大都护府）、北庭节度使，回鹘时期曾作为高昌回鹘王国的陪都，元代设北庭都元帅府和别失八里宣慰司。作为公元7—14世纪天山北麓的第一大中心城镇，北庭故城的唐代城址遗存见证了"都护府"等唐帝国边疆管理模式；其回鹘时期的城址遗存及北庭高昌回鹘佛寺遗址（北庭西寺）见证了古代西域地区高昌回鹘王国的文明。城址中的唐代遗存展现了中原地区传统的筑城法和建筑技术在天山以北地区的推广使用；北庭高昌回

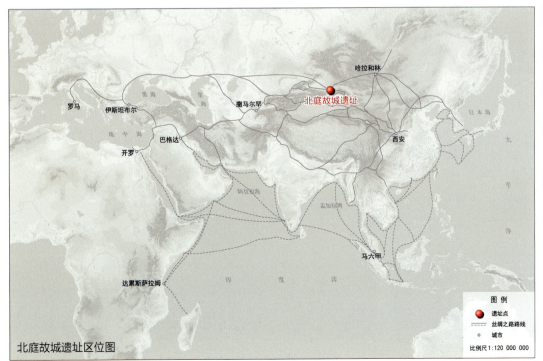

北庭故城遗址区位图

类型
古遗址
地点
新疆维吾尔自治区吉木萨尔县
遗存年代
7—14世纪
保护地位
世界遗产 全国重点文物保护单位
地理区位
东亚天山北麓
政权-（统治）民族
中国唐朝－汉族、高昌回鹘王国－回鹘、中国元朝－蒙古等
丝路关联属性
作为7—14世纪丝绸之路东天山北麓的第一大中心城镇，曾是丝绸之路沿线有关城市文化、建筑技术、佛教和多民族文化的交流与传播节点。

鹘佛寺遗址（北庭西寺）的建筑及壁画展现了丝绸之路沿线地区佛教建筑与艺术的交流发展；城址及佛寺中唐代、高昌回鹘时期的遗存及众多历史文献佐证了天山以北地区多民族文化的交流融合。

参考文献

State Administration of Cultural Heritage of the People's Republic of China, Ministry of Culture and Information of the Republic of Kazakhstan, Ministry of Culture and Tourism of the Kyrgyz Republic. Silk Roads: the Routes Network of Chang'an-Tianshan Corridor[M/OL]. http://whc.unesco.org/uploads/nominations/1442.pdf, 2020-07-29.

图44-1　北庭故城外城北墙全景

图44-2　北庭故城外城东墙全景

图44-3　东城墙敌台

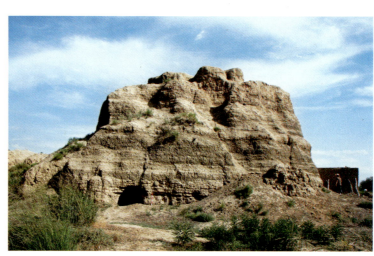

图44-4　外城西北角楼

图44-5　内城北门遗址

图44-6　外城北墙马面

图44-7　5号佛塔遗址

图44-8　北庭高昌回鹘佛寺遗址

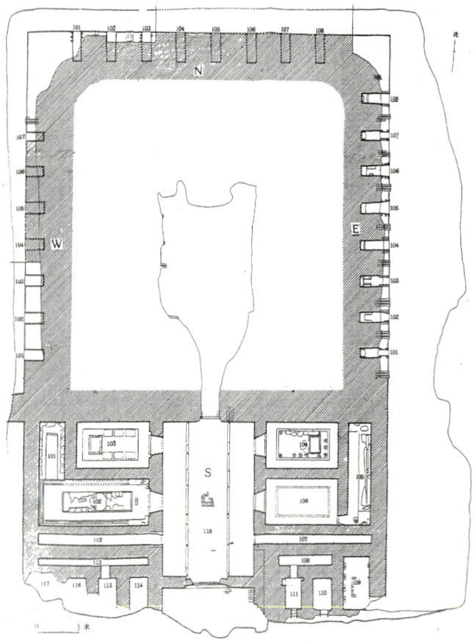

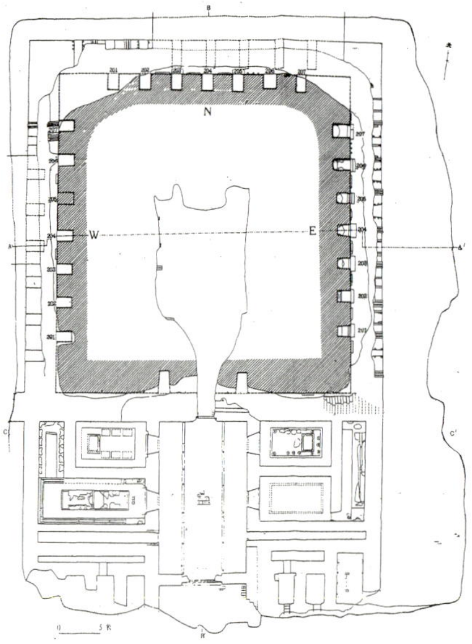

图44-9　北庭高昌回鹘佛寺遗址考古平面图

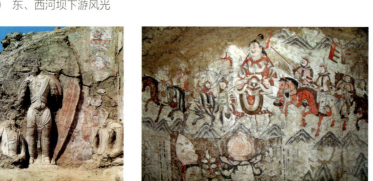

图44-10　东、西河坝下游风光

图44-11　北庭高昌回鹘佛寺东侧佛龛

图44-12　北庭高昌回鹘佛寺雕塑及壁画

图44-13　北庭高昌回鹘佛寺遗址105配殿西壁"王者出行图"壁画

图44-14　供养菩萨局部像

吉达古城
Historic Jeddah

一、【事实性信息】

吉达古城（Historic Jeddah）位于阿拉伯半岛，是阿拉伯人于公元7—19世纪建立的港口城镇，属海上丝绸之路印度洋海上贸易航线的重要城镇。古城地处红海东岸、沙特阿拉伯西部的阿尔巴拉德，始建于公元7世纪，并一直沿用至今。

现存遗产位于吉达古城的核心地带，占地面积约17hm^2，保存了完好的城市格局，主要包括4大类功能的遗存：贸易轴线、朝圣轴线、清真寺和宗教学校、住宅区及住宅商业混合区等。其中独特的吉达风格塔楼住宅，装饰有大型复杂木质窗台，它和低层的珊瑚石房屋、9处清真寺、露天市场和小型公共广场等共同构成了吉达古城独特的古城空间。

二、【丝路关联和价值陈述】

吉达古城作为公元7—19世纪印度洋海上贸易在红海东岸的重要港口城镇，也是全球穆斯林朝圣者从海路前往麦加朝觐的必经之路。这两种角色使吉达古城表现出多元文化并存的特色。

参考文献
UNESCO. Historic Jeddah, the Gate to Makkah [EB/OL]. http://whc.unesco.org/en/list/1361, 2020-07-29.

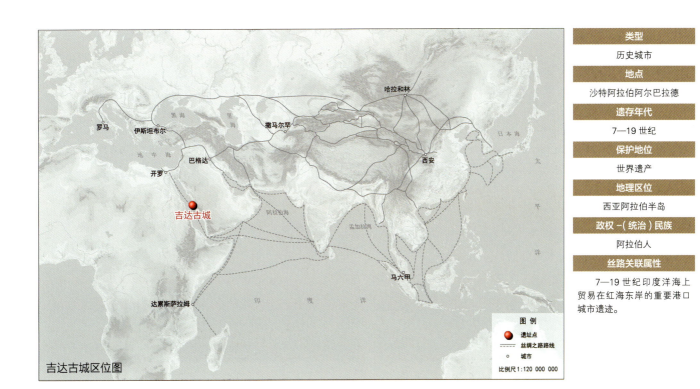

吉达古城区位图

类型
历史城市
地点
沙特阿拉伯阿尔巴拉德
遗存年代
7—19世纪
保护地位
世界遗产
地理区位
西亚阿拉伯半岛
政权 -（统治）民族
阿拉伯人
丝路关联属性
7—19世纪印度洋海上贸易在红海东岸的重要港口城市遗迹。

图45-1 莫西穹顶

图45-2 带有木窗的老屋

图45-3 吉达古城街景

回鹘牙帐城遗址
Site of Khar Balgas

一、【事实性信息】

回鹘牙帐城（Khar Balgas）位于蒙古高原中心地带鄂尔浑河上游地区，是回鹘人于公元 8—9 世纪在蒙古高原建立的回鹘汗国都城，属丝绸之路草原路线的重要城市。遗址地处漠北草原的额尔浑河谷中，全城呈不规则方形，边长 300-400m。南、西、北三面城墙外有护城壕及部分短墙，城东西各有一门。城内有明显的坊墙遗迹和规整的街区规划。城内有高台建筑遗址和高塔遗迹。城南北两侧城壕之外约 50m 处，各有一列夯土塔形建筑。城内发现唐代风格的莲花纹瓦当和柱础等建筑构件。城南 1km 处发现汉文、突厥鲁尼文和粟特文写成的"九姓回鹘可汗碑"。

二、【丝路关联和价值陈述】

回鹘牙帐城作为 8—9 世纪漠北草原的中心，是草原丝绸之路的重要节点。其城市规划和建筑遗迹、出土文物体现了唐朝和突厥、粟特等多种文化艺术在漠北草原的传播和影响。

参考文献
罗新. 回鹘牙帐城掠影：蒙古国历史文化考察散记之二[J].文史知识，2005（5）：48-54.

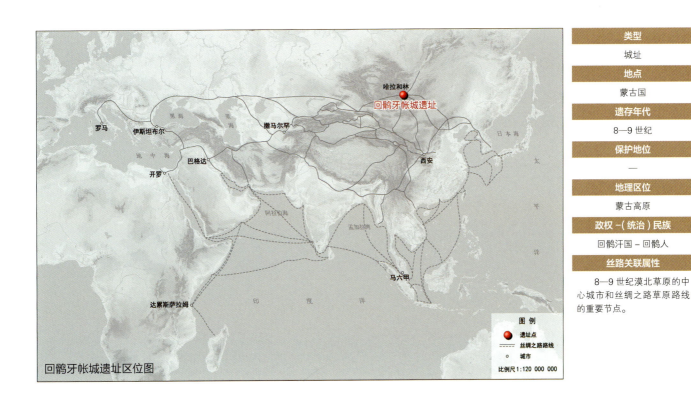

回鹘牙帐城遗址区位图

类型	城址
地点	蒙古国
遗存年代	8—9 世纪
保护地位	—
地理区位	蒙古高原
政权-(统治)民族	回鹘汗国-回鹘人
丝路关联属性	8—9 世纪漠北草原的中心城市和丝绸之路草原路线的重要节点。

图46-1 遗址鸟瞰

图46-2　遗址局部鸟瞰

图46-4　城墙与城内塔遗址

图46-6　城墙遗址

图46-3　城墙远眺

图46-5　城内佛塔遗址

图46-7　城墙遗址鸟瞰

图46-8　城内墓葬遗址　　　　　　　　　　　　图46-9　出土石构件

奥尔内克遗址
Site of Ornek

一、【事实性信息】

奥尔内克遗址（Site of Ornek）位于七河地区塔拉斯河流域，是突厥于公元8—12世纪建立的贸易城市的遗址，属丝绸之路的中心城镇。遗址地处哈萨克斯坦江布尔州奥尔内克镇以南8km处的苏鲁托（Sulutor）河谷。

遗址有两重城墙，外城平面不规则，规模约600m×600m，内城平面为方形，155m×160m，一条河流经内城西侧流经外城。内城四角和四边均设塔楼，城四面均有入口。城内有若干建筑遗迹，主要包括一处平面近似50m×20m的建筑遗址、3座蓄水池、一处类似营房的遗址以及城中心一座公元10—12世纪的清真寺，平面为40m×20m，轴线为正北方向。在外城南部的高地上，是叠压在制陶作坊上的10—12世纪墓地。在作坊的发掘过程中，发现了公元8—9世纪葛逻禄（Karluk）时期的七河地区西南部的典型陶器、一些刻纹绿釉瓷片、一个白釉刻字碗、铁刃刀等出土物。

奥尔内克遗址展现出其作为聚落和贸易中心的特征。同时，扎实的防御工事、清真寺和丰富的墓葬均显示其是一座由游牧统治者建立的城址。

二、【丝路关联和价值陈述】

奥尔内克城是库尔什布（Kulshub）在丝绸之路上建立的突厥部落，其后发展为一座城市，并在游牧民族与定居者之间建立起了一座人类价值交流的桥梁。

参考文献

State Administration of Cultural Heritage of the People's Republic of China, Ministry of Culture and Information of the Republic of Kazakhstan, Ministry of Culture and Tourism of the Kyrgyz Republic. Silk Roads: the Routes Network of Chang'an-Tianshan Corridor[M/OL]. http://whc.unesco.org/uploads/nominations/1442.pdf, 2020-07-29.

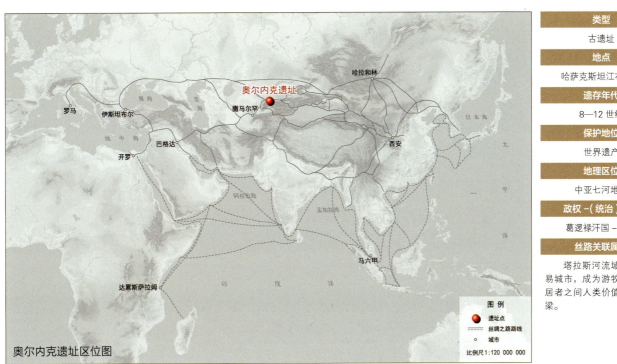

奥尔内克遗址区位图

类型
古遗址
地点
哈萨克斯坦江布尔州
遗存年代
8—12世纪
保护地位
世界遗产
地理区位
中亚七河地区
政权-（统治）民族
葛逻禄汗国-突厥
丝路关联属性
塔拉斯河流域的重要贸易城市，成为游牧民族和定居者之间人类价值交流的桥梁。

图47-1 遗址航拍

图47-2 遗址核心区航拍

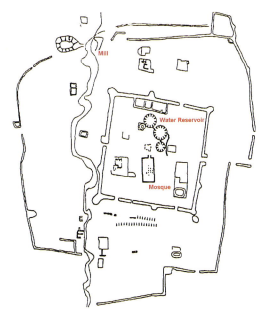

图47-3 遗址平面图

图47-4 清真寺遗迹（北向南）

图47-5 遗址核心区蓄水池房屋（北向南）

图47-6　城墙遗迹（东向西）

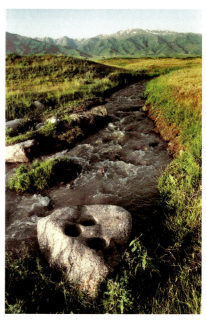
图47-7　开孔石构件（北向南）

图47-8　清真寺石柱础

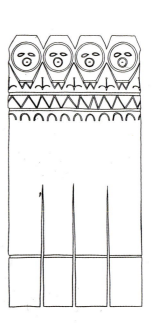
图47-9　人面石柱础

图47-10　陶片

图47-11　陶片

阿克托贝遗址
Site of Aktobe

一、【事实性信息】

阿克贝托遗址（Site of Aktobe）位于七河地区，是突厥在公元7—13世纪初期建立的一处大型贸易和工艺城镇遗址，曾是该地区的文化中心，属丝绸之路中心城镇。遗址地处阿克苏河两岸，临近与楚河的交汇处，在七河地区的草原带。聚落的使用时间可以追溯到6世纪初期至13世纪。

遗址主要包括城墙、城塞、居住区、贸易和手工业区、城堡等。贸易和手工业区位于遗址区中心。城塞位于遗址区东部、现今水库北侧，是一座高15m、底部为120m×100m的土丘。城塞东侧为居住区，城塞和居住区外有城墙。在城塞和现今水库的南侧，房屋和庭院遗址沿着河流方向布局，地块面积0.25—1.5hm²，以0.25hm²居多。

遗址的供水系统在1974年首次发现，两条总长1.5km。其中，长1km的管线通向城塞，长0.5km的通向城镇区南部。在城郊地区发现了3个葡萄酒作坊，可以追溯到10—12世纪。

二、【丝路关联和价值陈述】

丝绸之路的天山走廊是贸易和文化价值观传播的一个独特的例子。七河地区是一个游牧和农耕文化综合的地区。阿克托贝遗址是一个大型贸易和手工艺城镇，也是七河地区的文化中心。

参考文献
State Administration of Cultural Heritage of the People's Republic of China, Ministry of Culture and Information of the Republic of Kazakhstan, Ministry of Culture and Tourism of the Kyrgyz Republic. Silk Roads: the Routes Network of Chang'an-Tianshan Corridor[M/OL]. http://whc.unesco.org/uploads/nominations/1442.pdf, 2020-07-29.

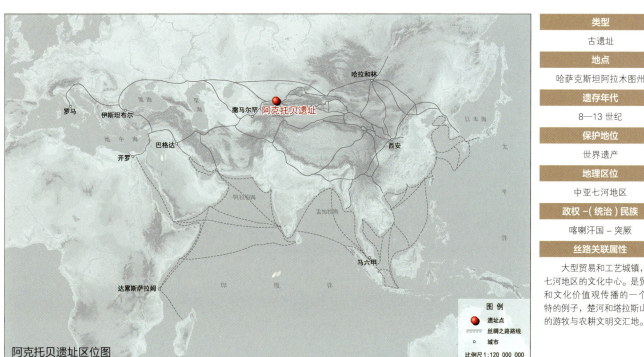

阿克托贝遗址区位图

类型
古遗址
地点
哈萨克斯坦阿拉木图州
遗存年代
8—13世纪
保护地位
世界遗产
地理区位
中亚七河地区
政权 -（统治）民族
喀喇汗国 - 突厥
丝路关联属性
大型贸易和工艺城镇，是七河地区的文化中心。是贸易和文化价值观传播的一个独特的例子，楚河和塔拉斯山谷的游牧与农耕文明交汇地。

图48-1 遗址航拍

图48-2 遗址航拍

图48-3　城塞（东南向西北）

图48-4　城塞复原一角（东南向西北）

图48-5 聚落围墙航拍

图48-6 民居复原

图48-7 遗址北部外墙（东向西）

图48-8 碗（11—12世纪）

图48-9 尖底瓶（11—12世纪）

塔尔加尔遗址
Site of Talgar

一、【事实性信息】

塔尔加尔遗址（Site of Talgar）位于七河地区的伊犁河流域，是突厥于公元8—13世纪建立的重要贸易城市的遗址，属丝绸之路的中心城镇。遗址地处哈萨克斯坦阿拉木图州塔尔加尔城的南部边缘、塔尔加尔河右岸峡谷入口处。

聚落面积 28hm²，城址面积 9hm²。城址周围约 20hm² 范围内，有建筑物遗迹、街道和灌溉系统遗迹。城址平面为矩形，各边入口位于正中，其间街道将聚落分为 4 个部分。城址东北边长 300m，西北边长 298m，西南边长 280m，东南边长 302m，东南角城墙最高处达 4m，西面最低处仅 1m。城墙转角和边缘有塔，现已垮塌，城墙周围有沟渠痕迹，城址西南有一道外墙。城址中部略微隆起。

考古发掘揭示了城镇、临近街坊、建筑内外的街道网，由 4 个单元和 6—12 个房屋的组群组成。城址的西北部分是平地，东南面为 0.5—1m 高的土丘。主干街道由卵石铺就，分布有商铺。城址东北部靠近北城门的地方，发掘出一组住宅和商业用房，揭示了规划、建筑设计、建筑材料方面的特征。房屋有一个大庭院、牲畜棚和夏季蒙古包居住的痕迹。

二、【丝路关联和价值陈述】

塔尔加尔遗址发现的文物证实了该地区在中世纪时期与其他国家的贸易联系。从中国、伊朗、印度、日本进口的产品通过丝绸之路进入这座城市。这里出土了一系列古代突厥语、鄂尔浑字母、汉字、契丹文字以及阿拉伯语的文字，刻于陶、瓷、石和金属工艺品上。一本作者不详的 10 世纪波斯文献《世界境域志》把塔尔加尔城视作中世纪城镇塔尔哈（Talhiz）。这位中世纪地理学家这样描述塔尔加尔城："它的居民好战、英勇无畏。"

参考文献

State Administration of Cultural Heritage of the People's Republic of China, Ministry of Culture and Information of the Republic of Kazakhstan, Ministry of Culture and Tourism of the Kyrgyz Republic. Silk Roads: the Routes Network of Chang'an-Tianshan Corridor[M/OL]. http://whc.unesco.org/uploads/nominations/1442.pdf, 2020-07-29.

类型
古遗址
地点
哈萨克斯坦阿拉木图州
遗存年代
8—13 世纪
保护地位
世界遗产
地理区位
中亚七河地区
政权 -（统治）民族
喀喇汗国 - 突厥
丝路关联属性
伊犁河流域的重要贸易城市。

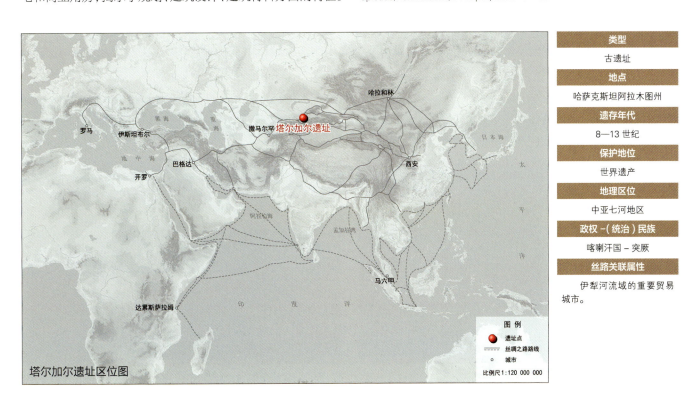

塔尔加尔遗址区位图

图49-1　塔尔加尔遗址航拍

图49-2　建筑遗存（北向南）

图49-3　建筑遗存（北向南）

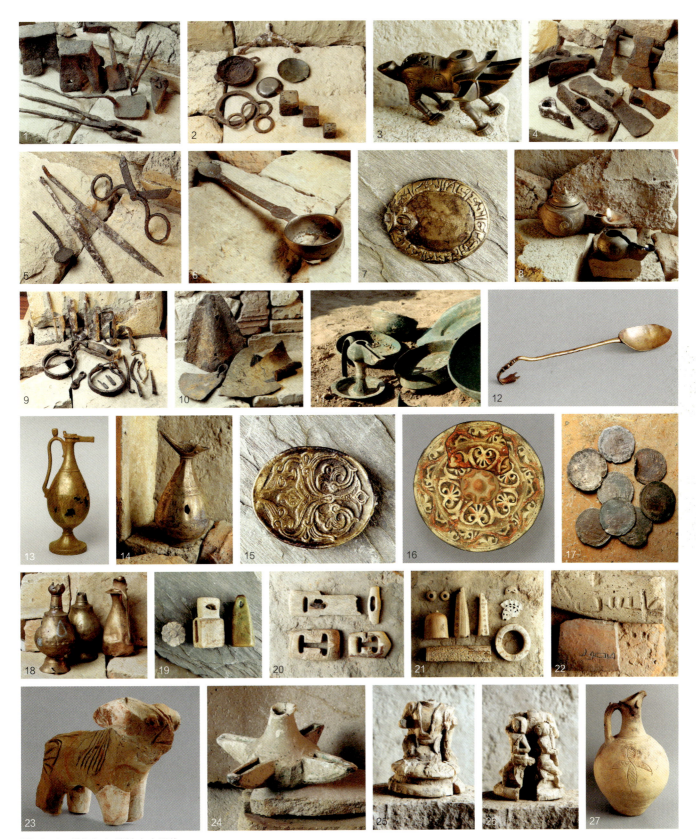

图49-4 塔尔加尔遗址出土器物
1.铁制品（10—12世纪） 2.铁制品（10—12世纪） 3.铜灯（11—12世纪） 4.铁制品（10—12世纪） 5.铁制品（10—12世纪） 6.铜滤锅 7.铜勺（背面） 8.铜灯 9.铁制品（10—12世纪） 10.铁制品（10—12世纪） 11.铜器 12.铜勺 13.动物主题铜器 14.铜器 15.铜勺（正面） 16.陶器 17.铜币 18.铜器 19.石质器物 20.骨质腰带扣 21.骨质腰带扣 22.阿拉伯刻纹陶器 23.动物陶模 24.陶灯 25.骨质佛像（正面） 26.骨质佛像（背面） 27.带颈器物

尸罗夫
Siraf

一、【事实性信息】

尸罗夫（Siraf）位于伊朗高原西侧的波斯湾东北岸，是中世纪港口城市，属海上丝绸之路的重要贸易中心之一。尸罗夫古港口在帕提亚-汉朝时代就已开放，其繁荣主要源于其在8世纪中叶开始的海上丝绸之路长距离贸易中的重要港口作用。据记载，公元9世纪，驶入波斯湾的中国商船直接在尸罗夫停靠，尸罗夫商人将货物转运到阿拉伯南部和东非，少部分继续向北航行抵达两河流域河口的乌剌港（今伊拉克巴士拉附近）。9—13世纪的尸罗夫聚集了从红海到东非海岸以及莫桑比克、印度和远东的宝石、象牙、异国木材、香料和香水等众多商品，以及从中国来的瓷器和其他陶瓷。公元977年一场大地震导致这个兴盛一时的古海港走向衰落，至13世纪初，只剩下少量居民。

现存的城市遗址可以追溯到萨珊王朝、帕提亚和伊斯兰时代，部分城市遗址已被海水淹没。1931年斯坦因第四次中亚考察期间首次对尸罗夫港进行考古调查，1966到1973年，怀特豪斯（David Whitehouse）对尸罗夫遗址进行了七次较大规模的考古发掘，2012年考古人员对水下和海岸线遗迹进行了初步调查。尸罗夫古港口遗址被一座丘陵带分隔为居住区和墓葬区两部分，建筑遗迹分布于面海的山坡上，大型建筑遗迹除了经过多次改建的公理会清真寺（Congregational Mosque）外，还有较小的清真寺、集市、商人的房屋、设防系统、储水池和渡槽等。丘陵后的希拉乌山谷中密布的数百座石穴墓和天然洞穴包含穆斯林、犹太、祆教等多种葬俗。在这些山谷之外是道路网和耕地。

二、【丝路关联和价值陈述】

尸罗夫港是中世纪波斯湾著名港口，在萨珊王朝和阿拉伯帝国初期一度是波斯与印度、中国进行海上贸易的重要中心之一，连接了印度洋和中国航线与波斯湾地区的海上航线。唐朝开辟广州至波斯湾的航线，贾耽所记"广州通夷道"中的"提罗卢和国"即尸罗夫港。公元9世纪的阿拉伯商人苏来曼（Sulaimān）在游记中提到："货物从巴士拉、阿曼以及其他地方运到尸罗夫（Siraf），大部分中国船在此装货。"

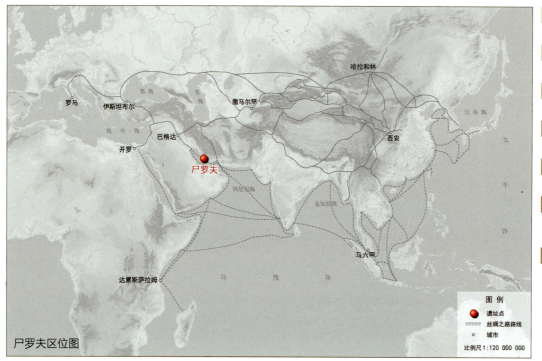

尸罗夫区位图

类型
古遗址
地点
伊朗布什尔省
遗存年代
8—13世纪
保护地位
—
地理区位
西亚，波斯湾东北岸
政权-（统治）民族
萨珊王朝-波斯人，阿拉伯帝国-阿拉伯人
丝路关联属性
8—13世纪波斯湾著名港口，将印度洋和中国航线与波斯湾地区连接起来，是波斯与印度、中国进行海上贸易的重要中心之一。

唐末至宋代来华的阿拉伯番商中，尤以尸罗夫人居多，大多浮海而来，云集广州，后来又到泉州等沿海城市。

希拉乌谷墓地包含穆斯林葬俗、犹太人葬俗、波斯火袄教葬俗等多种葬俗，证明了尸罗夫地区人口民族与宗教成分之复杂，反映出尸罗夫港重要国际贸易港口的地位。

1933年斯坦因在尸罗夫遗址调查中收集到唐代长沙窑产品，1966—1972年怀特豪斯对尸罗夫遗址的考古发掘发现大批长沙窑外销瓷，这些长沙窑外销瓷证明了唐朝与波斯湾国家的贸易，尤其是长沙窑外销瓷沿海上丝绸之路的贸易。

参考文献

黄珊. 中世纪波斯湾古港口——尸罗夫港的发现[EB/OL]. http://dsr.nii.ac.jp/narratives/discovery/10/index.html.zh.
Sorna Khakzad, Athena Trakadas, Matthew Harpster, Nicole Wittig. Maritime Aspects of Medieval Siraf, Iran: a pilot project for the investigation of coastal and underwater archaeological remains. The International Journal of Nautical Archaeology, 2015(44): 258–276.
穆根来、汶江、黄倬汉译. 中国印度见闻录. 北京：中华书局，1983:7.

图50-1　尸罗夫墓地西部全景鸟瞰

图50-2　尸罗夫遗址鸟瞰

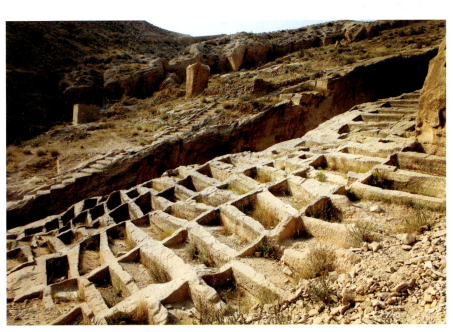

图50-3　尸罗夫墓地西部局部

图50-4　尸罗夫小型清真寺遗址

图50-5　尸罗夫公理会清真寺遗址

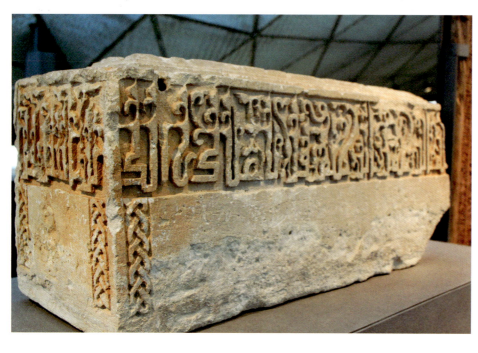

图50-6　尸罗夫出土阿拉伯文墓石

开阿利克遗址
Site of Kayalyk

一、【事实性信息】

开阿利克城（Kayalyk）位于七河地区，是喀喇汗国突厥—卡鲁克人于公元 8—14 世纪建立的独立王国——卡鲁克国首都，属丝绸之路的中心城镇。遗址地处哈萨克斯坦阿拉木图州安托诺沃卡村（Antonovka Village）东郊阿什布莱克（Ashybulak）河岸边，距离塔尔迪库尔干（Taldykorgan）东北 190km，聚落的西、北面是冰川融水滋养的肥沃土地。遗存年代为 8—14 世纪。

开阿利克城是伊犁河谷中最大的聚落，规模约 85.2hm^2，由城墙、中心城塞、城址和市郊组成。城墙为泥墙，残高 2—3.5m，厚 11—13m，城郊面积达 100hm^2。聚落的长轴长 1 290m，短轴长 840m。聚落的西南部分有明显的扩展。城墙内有宽 10—17m、深 2.1m 的壕沟，现代水道基本上与其轮廓重合。城址中心为城塞，占地 241m×225m。其东侧为一座中世纪大型建筑遗址，西侧为一座清真寺。两座建筑物的外墙与城塞的外墙平行。城塞周边（北侧和西侧）为墓葬，北部被阿什布莱克河切断。

聚落东南部为一个中世纪大型建筑遗址，有结实的外墙和复杂的室内结构。佛寺为占地 16.2m×8m 的建筑，中心是走廊环绕的内堂，建筑四角有半圆形塔楼的残迹，高 1m。开阿利克的浴堂使用烧制砖建造，平面为 11.36m×8.9m。考古发掘证明其使用陶制管道系统，在中世纪遗迹中极具代表性。清真寺靠近城址中心，平面为 32.6m×26.7m。摩尼教建筑位于聚落的西南部分，西侧紧邻浴堂，是晚期的建筑。

二、【丝路关联和价值陈述】

这座城市的建设受到了火的影响。聚落研究提供了对经济、社会生活、工商业、工程和建筑、艺术和宗教的深入了解。在 11—13 世纪早期的文献中，开阿利克城因作为卡鲁克国首都而知名。13 世纪中期，法国国王路易九世派出的大使鲁布鲁克（Guillaume de Rubrouck）在出访蒙古汗国的途中经过并拜访了这座城市，他把这座城市描述为大的贸易中心。

参考文献

State Administration of Cultural Heritage of the People's Republic of China, Ministry of Culture and Information of the Republic of Kazakhstan, Ministry of Culture and Tourism of the Kyrgyz Republic. Silk Roads: the Routes Network of Chang'an-Tianshan Corridor[M/OL]. http://whc.unesco.org/uploads/nominations/1442.pdf, 2020-07-29.

类型
古遗址
地点
哈萨克斯坦阿拉木图州
遗存年代
8—14 世纪
保护地位
世界遗产
地理区位
中亚七河地区
政权 -（统治）民族
喀喇汗国 - 突厥
丝路关联属性
作为卡鲁克国的首都，曾是丝绸之路上重要的贸易中心。

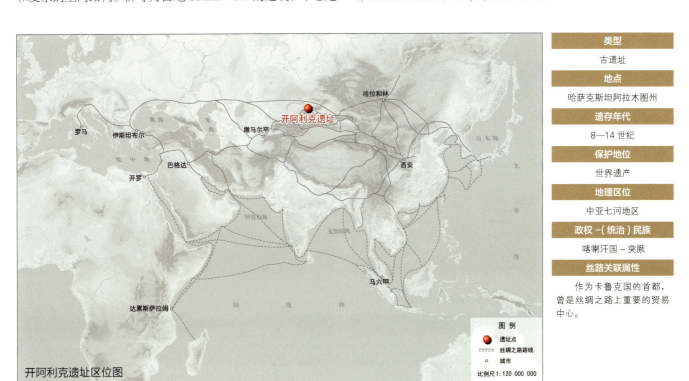

开阿利克遗址区位图

图51-1　遗址航拍

图51-2　核心区航拍

图51-3　中心区航拍

城镇 205

图51-4 清真寺遗存航拍

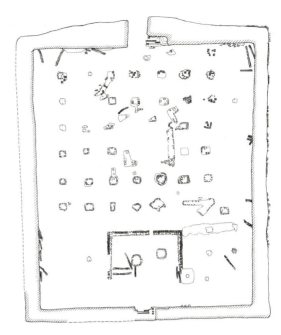

图51-5 清真寺平面图

图51-6 浴堂

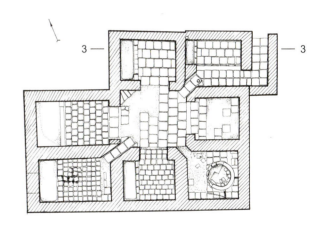

图51-7 浴堂平面图

图51-8 佛寺（12—13世纪）

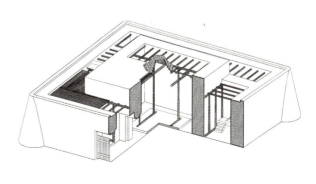

图51-9 佛寺复原剖轴测图

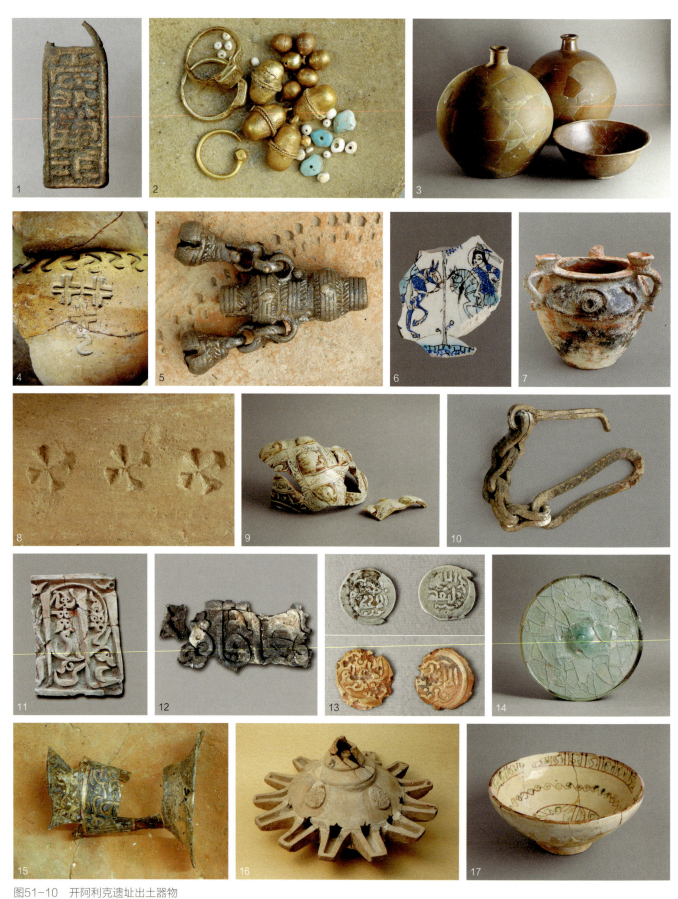

图51-10 开阿利克遗址出土器物

1.契丹印章 2.随葬饰品 3.中国器物 4.中国陶器碎片 5.装饰物 6.釉上彩马赛克 7.带有蛇图案的仪式用器 8.陶器碎片（印章，12—13世纪）
9.陶器碎片（伊朗绘画，12—13世纪） 10.青铜锚钉和链子 11.雕花墓砖 12.雕花木饰 13.铜币 14.盘 15.伊朗玻璃瓶（黄金珐琅阿拉伯铭文）
16.十三足灯 17.施釉瓷碗（12—13世纪）

阿克亚塔斯遗址
Site of Akyrtas

一、【事实性信息】

阿克亚塔斯遗址（Site of Akyrtas）位于七河地区的塔拉斯河流域，是阿拉伯人在公元8—14世纪建立的重要贸易城市遗址，属丝绸之路的中心城镇。遗址地处哈萨克斯坦江布尔州吉尔吉斯阿拉套山脉的山麓，旱季河道由山麓洼地的许多河道汇聚而成，在春秋季有充足的水源。阿克亚塔斯建筑和考古遗址群包含了各种不同时期的遗迹，按时间排序可以从前5世纪延续到16—18世纪。

遗址群东西宽约3km，南北长约5km，由宫殿、园林和干河床两侧的其他遗迹组成（客栈、农场、瞭望塔、矿坑、堡垒、城堡、管道和蓄水池等）。宫殿遗址为矩形（180m×205m），墙体由巨大的红砂岩块砌成。通向中庭的十字形走廊将整个建筑分成4个部分，除西北部没有建筑外，其余3个均有中庭。城堡位于宫殿遗址西南1km处自然山丘上，平面结构大致为四边形（39m×40.5m）。城堡四角为圆形塔楼遗迹，中央为一个开敞庭院，四周房屋环绕。堡垒紧邻城堡，平面矩形（40m×25m），高3—3.5m。园林区被墙围成边长250m的正方形，东侧临河，溪水在春季流向肖西科拉（Shoshkola）河谷的方向。瞭望塔位于宫殿西面，在克孜勒塔什山的（Kyzyltash）山顶上。采石矿坑长400m，其中有许多半加工和已加工的石块。黏土矿坑占地近$1.5hm^2$，其中黄土坡层被用作烧砖的材料。考古学家在附近发现了砖窑遗址、烧砖碎块和矿渣。输水道（Dugouts）为深入山腰的椭圆形坑洞，内有相互套接的陶制管道，直径18—20cm，将肖西科拉和乌尊布拉克（Uzunbulak）河谷的水和山泉引入到宫殿建筑群。乌尊布拉克河谷的蓄水池由岩坝形成，这个岩坝堵住了由山岩形成的河谷。靠近住宅区另有一个蓄水池，从那里水通过更细的管道流向居住用地和居所。阿克亚塔斯的北面另有两个灌溉用蓄水池。

二、【丝路关联和价值陈述】

阿克亚塔斯考古遗址群是建筑风格远距离传播的一个案例。阿克亚塔斯宫殿奇特的布局与中东建筑具有很大的相似性，这座宫殿的建造有阿拉伯建筑师的参与，并且运用了中

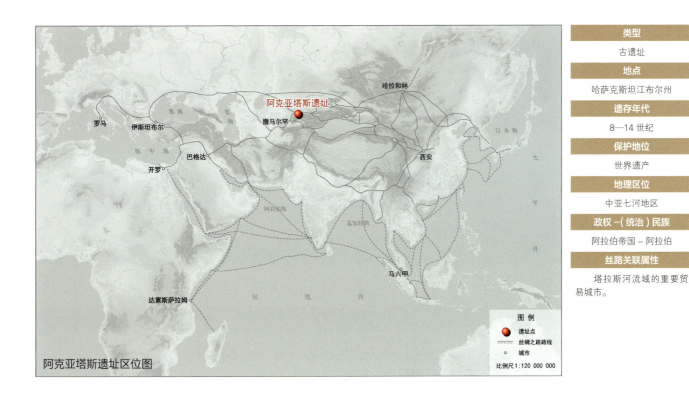

阿克亚塔斯遗址区位图

类型
古遗址
地点
哈萨克斯坦江布尔州
遗存年代
8—14世纪
保护地位
世界遗产
地理区位
中亚七河地区
政权-（统治）民族
阿拉伯帝国-阿拉伯
丝路关联属性
塔拉斯河流域的重要贸易城市。

东的建筑传统。非常相似的还有伊朗的萨马拉宫殿的平面，以及叙利亚和约旦的宫殿，尤其是以宏伟而著称的加拉喀尔戈宫殿（Qasral-Kaiyral-Garbi）。

参考文献

State Administration of Cultural Heritage of the People's Republic of China, Ministry of Culture and Information of the Republic of Kazakhstan, Ministry of Culture and Tourism of the Kyrgyz Republic. Silk Roads: the Routes Network of Chang'an–Tianshan Corridor[M/OL]. http://whc.unesco.org/uploads/nominations/1442.pdf, 2020-07-29.

图52-1　阿克亚塔斯宫殿遗址航拍

图52-2　宫殿内部走廊

图52-3　"克孜勒套"采石场的石槽

图52-4　突厥铭文石（8—9世纪）

图52-5　金属垂饰（11—13世纪）

图52-6 堡垒遗址航拍

奥什
Osh

一、【事实性信息】

奥什 (Osh) 位于费尔干纳盆地东南侧，锡尔河支流阿克布拉河畔，属公元 9—15 世纪中亚丝绸之路上的重要城市。奥什于 9 世纪见于文献记载，13 世纪毁于蒙古铁骑，后重建。在 15 世纪海路发现以前，奥什是连接印度与中国贸易路线上的重要城市。城市西部的苏莱曼王圣山为穆斯林朝圣圣地，于 2009 年列入世界文化遗产。

二、【丝路关联和价值陈述】

奥什是今吉尔吉斯斯坦第二大城市，奥什州首府，中亚古城之一，古代中亚丝绸之路上重要的枢纽城市。

参考文献

Encyclopædia Britannica, inc. Osh[DB/OL].https://www.britannica.com/place/Osh-Kyrgyzstan. 2020-11-01/2020-08-13.

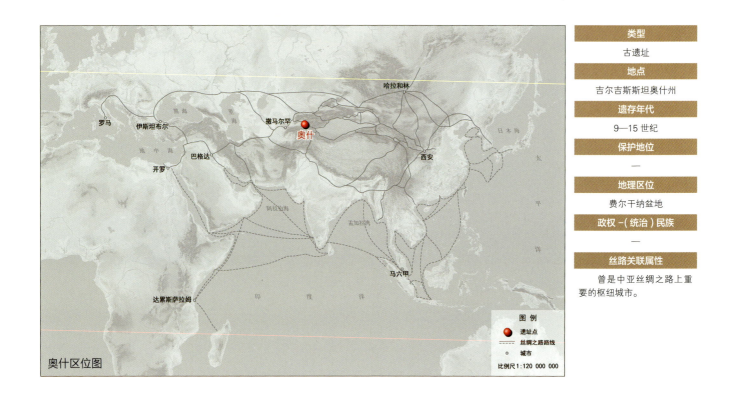

奥什区位图

类型
古遗址
地点
吉尔吉斯斯坦奥什州
遗存年代
9—15 世纪
保护地位
—
地理区位
费尔干纳盆地
政权 -（统治）民族
—
丝路关联属性
曾是中亚丝绸之路上重要的枢纽城市。

图53-1　奥什鸟瞰

图53-2　苏莱曼王圣山

基尔瓦·基斯瓦尼遗址和松戈马拉遗址
Ruins of Kilwa Kisiwani and Ruins of Songo Mnara

一、【事实性信息】

基尔瓦·基斯瓦尼遗址和松戈马拉遗址（Ruins of Kilwa Kisiwani and Ruins of Songo Mnara）位于非洲东海岸，是斯瓦希里人于公元9—19世纪建立的重要港口城市遗迹，属海上丝绸之路的重要贸易港口。遗址地处坦桑尼亚首都达累斯萨拉姆以南约300km坦桑尼亚海岸附近的两个岛屿上。基尔瓦·基斯瓦尼从9世纪一直沿用至19世纪，曾经是整个东非海岸的港口贸易中心；松戈马拉发展于14世纪末，曾一度是繁华的商贸中心，控制着沿印度洋地区的大部分贸易活动。

现存遗产包括基尔瓦·基斯瓦尼遗址和松戈马拉遗址两个部分。其中：基尔瓦·基斯瓦尼遗址包括建于11世纪的拥有16个圆形穹顶的最古老的大清真寺，13、14世纪建造的宫殿，众多清真寺、监狱、社区和广场、城墙、塔楼、墓地等遗迹，大部分是由珊瑚和石灰砂浆建造的坚固遗址，出土有来自中国的岳州瓷、龙泉瓷、景德镇青花瓷和青白瓷等各种日常器皿。松戈马拉遗址至今还完好地保存着5座清真寺、1座宫殿建筑群、33座由珊瑚石和木材建造的民居，出土有来自中国的青瓷片。

二、【丝路关联和价值陈述】

基尔瓦·基斯瓦尼和松戈马拉遗址是公元13—16世纪，印度洋海上贸易线路在非洲东海岸的两座重要贸易港口遗迹。基尔瓦商人从事黄金、白银、珍珠、香水、阿拉伯陶器、波斯土陶以及中国瓷器、丝绸、布匹的贸易，基尔瓦成为非洲大陆在印度洋地区与阿拉伯、印度、中国的贸易枢纽。

参考文献
Ruins of Kilwa Kisiwani and Ruins of Songo Mnara[EB/OL]. http://whc.unesco.org/en/list/144
朱凡.中国文物在非洲的发现[J].西亚非洲，1986(4):55-61.

类型
古遗址
地点
坦桑尼亚-基尔瓦-林迪地区
遗存年代
9—19世纪
保护地位
世界遗产
地理区位
东非
政权-（统治）民族
斯瓦希里人
丝路关联属性
13—16世纪印度洋海上贸易线路在非洲东海岸的两座重要贸易港口遗迹。

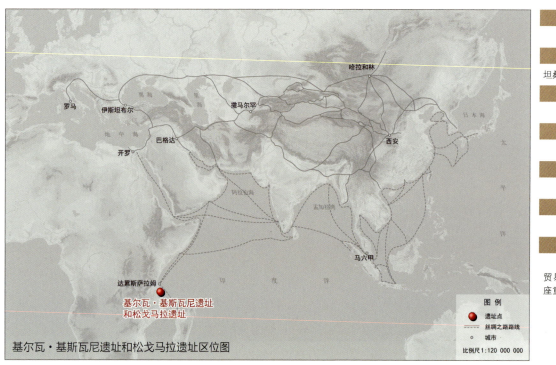

基尔瓦·基斯瓦尼遗址和松戈马拉遗址区位图

图54-1　基尔瓦遗址海边的古堡

图54-2　基尔瓦遗址林迪区鸟瞰

图54-3 基尔瓦遗址林迪区域鸟瞰

图54-4　基尔瓦遗址阿拉伯古堡遗址

图54-5　基尔瓦遗址的大清真寺遗址外立面

图54-6　基尔瓦遗址的大清真寺遗址内部

图54-7　松戈马拉遗址内部

图54-8　基尔瓦遗址所在港口

阿尼考古遗址
Archaeological Site of Ani

一、【事实性信息】

阿尼考古遗址（Archaeological Site of Ani）位于土耳其东北部高原，是亚美尼亚人于公元10—11世纪建立的亚美尼亚王国巴格拉提德王朝（the Bagratids）都城，属丝绸之路上的贸易枢纽。遗址地处土耳其东北部高原边缘，与亚美尼亚地区隔谷而望。这座具有中世纪特点的城市集居住、宗教和军事建筑于一体，经历了拜占庭、塞尔柱和格鲁吉亚的统治和建设，受到了琐罗亚斯德教、基督教、伊斯兰教等不同文化的影响。公元10—11世纪，这里成为亚美尼亚王国巴格拉提德王朝首都，并以其商贸路线重要十字路口的地位，在对丝绸之路支线的控制中获利。14世纪因为蒙古人的征服和1319年的毁灭性地震，这座城市开始衰落。该遗址保存了公元前7世纪—13世纪该地区几乎所有不同建筑风格及其在几个世纪的演变历史。

二、【丝路关联和价值陈述】

阿尼考古遗址作为丝绸之路在西亚地区的重要陆上贸易枢纽之一，是通往安纳托利亚地区的丝绸之路的门户，控制着拜占庭、波斯、叙利亚和中亚之间的贸易路线。

参考文献
UNESCO. Archaeological Site of Ani [EB/OL]. http://whc.unesco.org/en/list/1518, 2020-07-29.

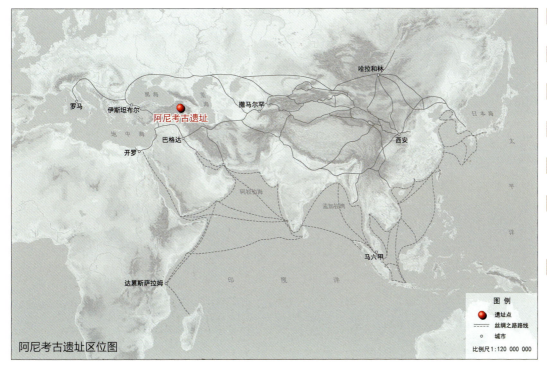

阿尼考古遗址区位图

类型
城址
地点
土耳其
遗存年代
前7世纪—13世纪
保护地位
世界文化遗产
地理区位
西亚土耳其东北部
政权
拜占庭－罗马人，塞尔柱－突厥人，巴格拉底－亚美尼亚人
丝路关联属性
位于丝绸之路西亚丝路贸易和交流的十字路口的重要城市遗迹。

图55-1 遗址边缘的博斯普鲁尔河

图55-2 教堂遗址

图55-3　圣格里高利教堂

图55-4　亚美尼亚小教堂

图55-5　阿尼大教堂

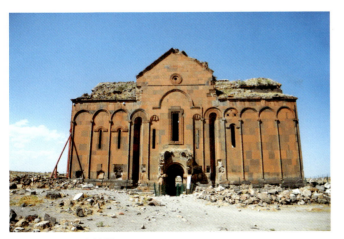

图55-6　阿尼大教堂正面

图55-7　河谷和修道院

图55-8　阿尼大教堂内部壁画

图55-9　阿尼遗址中的六角芒星标志

图55-10　亚美尼亚教堂

图55-11　丝绸之路桥

图55-12　阿尼遗址局部石刻铭文

威尼斯及其潟湖
Venice and Its Lagoon

一、【事实性信息】

威尼斯位于亚平宁半岛东北部、亚得里亚海湾，是威尼斯人于公元9—10世纪建立的意大利北部商业中心之一，于公元10世纪末发展为显赫于地中海地区的城邦国家，属丝绸之路西端的重要商贸城市。城市始建于公元5世纪，在公元10世纪时达到巅峰。威尼斯及其潟湖（Venice and its Lagoon）作为世界文化遗产，包含了教堂、修道院、宫殿、桥梁、广场、宅邸等诸多伟大的建筑遗存，是中世纪和文艺复兴建筑与艺术的圣地。

二、【丝路关联和价值陈述】

威尼斯作为地中海地区最重要的贸易中心，沟通了地中海与阿拉伯人、热那亚人和奥斯曼土耳其人的商业活动，并作为13世纪伟大的旅行家马可波罗的出发城市而闻名于世。

参考文献

UNESCO. Venice and its Lagoon [EB/OL]. http://whc.unesco.org/en/list/394, 2020-07-29.

中国大百科全书数据库. 威尼斯 [DB/OL]. http://h.bkzx.cn/item/235824, 2020-07-29.

类型
历史城区
地点
意大利威尼斯省
遗存年代
5—18世纪
保护地位
世界遗产
地理区位
欧洲地中海地区
政权
拜占庭帝国－罗马人，威尼斯共和国－威尼斯人
丝路关联属性
丝绸之路西端欧洲地中海地区最重要的贸易中心之一。

威尼斯及其潟湖区位图

图56-1 威尼斯及潟湖

224　丝路遗迹·城镇篇

图56-2　威尼斯圣马可广场

图56-3　威尼斯河景

图56-4 威尼斯救主堂

图56-5 威尼斯叹息桥

图56-6 威尼斯里亚托桥

图56-7　圣马可教堂

图56-8　圣马可教堂内部

库尼亚 – 乌尔根奇
Kunya-Urgench

一、【事实性信息】

库尼亚 – 乌尔根奇（Kunya-Urgench）位于中亚河中地区，是赛尔柱突厥于公元 10—12 世纪建立的花刺子模王国都城，属丝绸之路的重要贸易城市。遗址坐落于土库曼斯坦达绍古兹州，地处阿姆河南面，毗邻土库曼斯坦与乌兹别克斯坦边境，主要遗存年代为 11—16 世纪。

库尼亚 – 乌尔根奇古城现存面积约 350hm^2，主要遗迹包括丝绸之路驿站、清真寺塔和诸多名人墓等，如库特卢 – 帖木儿宣礼塔、帖乞失陵墓与阿尔斯兰陵墓、库白拉墓等，其中最古老的建筑已经有 2 000 年的历史。

二、【丝路关联和价值陈述】

库尼亚 – 乌尔根奇是丝绸之路在中亚地区的重要贸易城市之一。

参考文献

UNESCO. Kunya-Urgench[EB/OL].http://whc.unesco.org/en/list/1199, 2020-07-29.
IICC. 土库曼斯坦之库尼亚乌尔根奇 [EB/OL].http://www.silkroads.org.cn/article_9705_1.html, 2020-07-29.

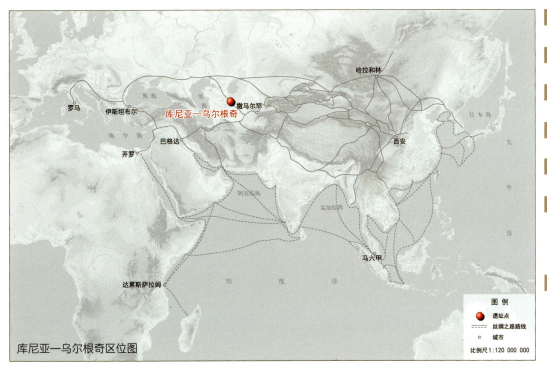

库尼亚—乌尔根奇区位图

类型
古遗址
地点
土库曼斯坦达绍古兹州
遗存年代
11—16 世纪
保护地位
世界遗产
地理区位
中亚河中地区
政权 –（统治）民族
阿契美尼德帝国 – 波斯人，花刺子模王国 – 塞尔柱突厥，蒙古帝国 – 蒙古，帖木儿帝国 – 蒙古
丝路关联属性
库尼亚—乌尔根奇是丝绸之路在中亚地区的重要贸易城市之一。

图67-1 库特卢—帖木儿宣礼塔与帖艺失陵墓

城镇 229

图57-2　阿尔斯兰陵墓

图57-3　库白拉墓

卡尔哈特古城
Ancient City of Qalhat

一、【事实性信息】

卡尔哈特古城（Ancient City of Qalhat）位于阿拉伯半岛东端，是阿拉伯人于公元 11—15 世纪建立的霍尔木兹王朝在阿拉伯海西北岸的主要港口城镇，属海上丝绸之路的重要港口和贸易城市。古城地处阿曼苏丹国东海岸，距苏尔市以北约 20km。古城始建于公元 11 世纪，于 16 世纪废弃，此后一直处于遗址状态。

卡尔哈特古城维持了完好的历史自然环境特征，东面是阿曼海，西南面是高山，西北面是瓦迪海姆（WadiHilm）的高岸。现存遗址的分布范围约 35hm²。卡尔哈特古城遗迹包括内外城墙，城门，城内清真寺、陵墓、大房子、陶瓷作坊、水池等遗存，以及城墙外的 2 000 余座墓地。

二、【丝路关联和价值陈述】

卡尔哈特古城在 11—16 世纪的霍尔木兹王朝统治期间，是阿拉伯半岛东海岸的主要港口，是从波斯湾北线通往西印度洋之前的补给港，也是当时阿拉伯半岛海上贸易中心，见证了 11—16 世纪间阿拉伯半岛东海岸与东非、印度、中国和东南亚之间繁盛的贸易往来。

参考文献
UNESCO. Ancient City of Qalhat [EB/OL].http://whc.unesco.org/en/list/1537, 2020-07-29.

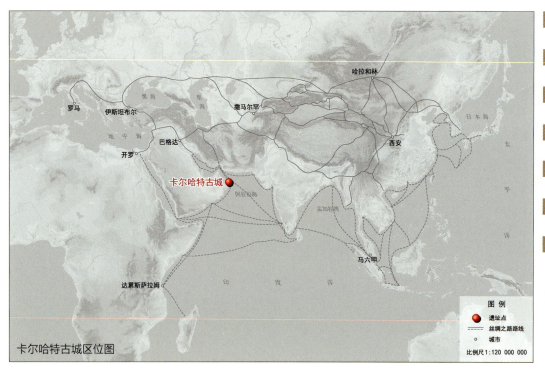

卡尔哈特古城区位图

类型
古遗址
地点
阿曼苏尔州维拉亚特
遗存年代
11—16 世纪
保护地位
世界遗产
地理区位
西亚，阿拉伯半岛
民族 / 族群 / 政权 / 国别
阿拉伯人
丝路关联属性
11—16 世纪阿拉伯半岛东海岸的主要港口遗迹，见证了阿拉伯半岛东海岸与东非、印度、中国和东南亚之间海上丝绸之路的贸易联系。

图58-2　卡尔哈特古城陵墓遗址

图58-3　卡尔哈特古城陵墓遗址拱门

图58-4　卡尔哈特古城陵墓遗址内部

巴姆城及其文化景观
Bam and Its Cultural Landscape

一、【事实性信息】

巴姆古城位于伊朗高原南部边缘的沙漠绿洲中,是波斯人建立的、兴盛于公元7—11世纪的城市,属丝绸之路在古波斯地区重要的生产和中转中心。该城的起源可以追溯到波斯帝国的阿契美尼德王朝时期(公元前6—前4世纪)。巴姆古城地处重要的贸易路线十字路口,以生产丝绸和棉花制品而闻名于世。7—11世纪时达到鼎盛时期。巴姆古城保留的地下灌渠见证了早期伊朗文明的发达,巴姆城堡是使用当地的生土技术修建的中世纪城堡的代表性范例。

二、【丝路关联和价值陈述】

处于重要贸易路线十字路口的巴姆古城在公元7世纪—11世纪东连中亚,南至波斯湾,西至埃及,是丝绸之路在古波斯地区重要的生产和中转中心。以生产源自中国的丝绸和源自西亚的棉花制品而闻名,见证了丝绸之路沿线生产技术的交流。

参考文献

UNESCO. Bam and its Cultural Landscape [EB/OL]. http://whc.unesco.org/en/list/1208, 2020-07-29.

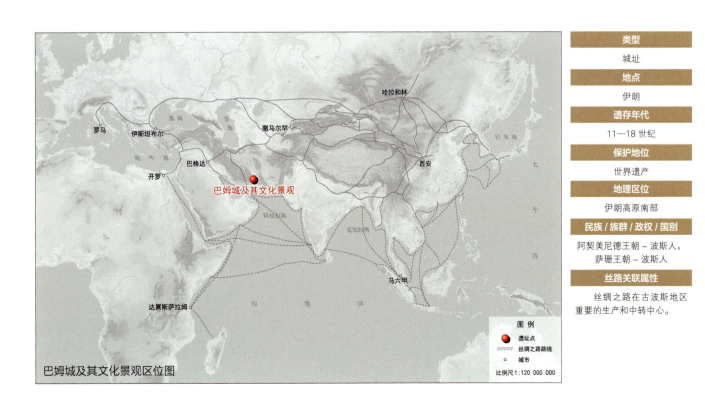

巴姆城及其文化景观区位图

类型
城址
地点
伊朗
遗存年代
11—18世纪
保护地位
世界遗产
地理区位
伊朗高原南部
民族/族群/政权/国别
阿契美尼德王朝-波斯人,萨珊王朝-波斯人
丝路关联属性
丝绸之路在古波斯地区重要的生产和中转中心。

图59-1 巴姆遗址全景

图59-2 巴姆遗址局部

图59-3　巴姆遗址细部

图59-4　巴姆遗址细部

图59-5　巴姆遗址建筑内部

梅尔夫历史与文化公园
State Historical and Cultural Park "Ancient Merv"

一、【事实性信息】

梅尔夫历史与文化公园位于中亚图兰低地南部，是波斯帕提亚帝国、阿拉伯阿拔斯王朝、塞尔柱帝国等于公元9—18世纪经营的一系列城市遗址，是丝绸之路在中亚地区最古老、保存最完好的绿洲城市群。中国文献称其为"木鹿""朱禄""末禄""马兰城""马鲁""麻里兀"等。这里在9世纪初成为阿拉伯哈里发的首都，在11—12世纪成为塞尔柱帝国的首都。遗址内保存了青铜时代、铁器时代的遗址和历史城市中心，包括城堡、精美的清真寺和陵墓建筑。

二、【丝路关联和价值陈述】

梅尔夫是中亚地区丝绸之路沿线最古老的节点之一，其发达精美的城市和建筑对中亚和伊朗产生了长期的影响。梅尔夫在中国历代正史中均有记载，是丝绸之路中原与中亚密切交流的见证。

参考文献

[南朝]范晔.《后汉书》卷八十八《西域传》[M].北京：中华书局，1965.
[北宋]宋祁，欧阳修等.《新唐书》卷二百二十一下《西域传下》[M].北京：中华书局，1975.
[明]宋濂，王祎.《元史》卷一《太祖本纪》[M].北京：中华书局，1976.
UNESCO. State Historical and Cultural Park "Ancient Merv" [EB/OL]. http://whc.unesco.org/en/list/886, 2020-07-29.
石云涛.三至六世纪丝绸之路的变迁[M].北京：文化艺术出版社，2007.

梅尔夫历史与文化公园区位图

类型
城址
地点
土库曼斯坦
遗存年代
11—18世纪
保护地位
世界遗产
地理区位
中亚
民族/族群/政权/国别
帕提亚帝国–波斯人，阿拔斯王朝–阿拉伯人，塞尔柱帝国–突厥人
丝路关联属性
中亚地区丝绸之路沿线最古老的节点之一，与中国交流密切的安息国著名古城。

图60-1　克兹卡拉要塞遗址

图60-2　国库遗址

图60-3　城墙遗址近景

图60-4　桑贾尔苏丹王陵远景

图60-5　梅尔夫桑贾尔苏丹王陵局部

图60-6　梅尔夫桑贾尔苏丹王陵内部

开城遗址
Site of Kaicheng City

一、【事实性信息】

开城遗址（Site of Kaicheng City）又名"开城安西王府遗址"，位于黄土高原西部的六盘山东麓，是元世祖忽必烈三子忙哥剌于公元13—14世纪的避暑府邸遗址，也是当时西北地区行政中枢，属丝绸之路上的交通要地。遗址地处宁夏回族自治区固原市开城镇，始建于元初，毁于成宗大德十年（1306年）开成路大地震。

整个遗址范围南北长约3 500m，东西宽500—1 000m。遗址区可划分为长虫梁城址区、开城村城址区、北家山建筑遗址区、开城村窑址区、黑剌沟窑址区、瓦碴梁建筑遗址区和平民墓葬区。长虫梁城址为王府宫城，地势平坦开阔，由主城和瓮城构成。主城东西328—341m，南北454—475m，辟东、西、南三门，瓮城在主城南面，围护主城南门。城池总平面为南北向的倒"凸"字形，规模小于元代中等城市。北家山建筑遗址区位于梁峁坡地，以坡地朝向不同分为Ⅰ区和Ⅱ区，其中Ⅰ区建筑外围有夯土围墙和壕沟，自成一体，可能是文献中提到的御苑——"兴庆池园"。开城村城址为明初开成县故城，东西长430m，南北宽230m，开南北二门。开城村窑址区南北长150m，东西宽50m，有窑址8座。黑剌沟窑址区包括窑址10余处。瓦碴梁建筑遗址区位于高凸的山峁和坡地上。平民墓葬区位于梁塬上。

遗址面积广大，遗址类别多样，散见遗物种类丰富。遗址区内散布砖、瓦、石质与各色琉璃装饰建筑构件，金、银、铜、铁、瓷、陶等质地的遗物也曾发现，这些情况折射出遗址的等级与规模非同一般。

遗址处在六盘山北段东麓半阴湿土砂石山区，地势高亢，现地貌主要是梁峁坡地、沟壑溪谷。南面有俗称的"开城梁"山脊。这里是黄河支流清水河的发源地，也是泾河、清水河、葫芦河的分水岭。六盘山开城一带的气候比较独特，属于小区域性气候。该地域地下水位较高，泉水众多，植被葱郁。夏季阴雨绵绵，天空过云即降雨，极其凉爽温润。

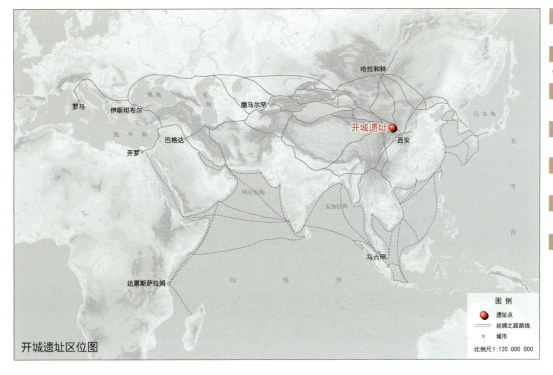

开城遗址区位图 比例尺 1:120 000 000

类型
古遗址
地点
宁夏回族自治区固原市开城镇
遗存年代
13—14世纪
保护地位
全国重点文物保护单位
地理区位
东亚黄土高原
民族/族群/政权/国别
中国元朝 - 蒙古
丝路关联属性
为丝绸之路的落日辉煌提供了政治保证，完全开辟了长安至兰州的一条捷径；成为诸多民族迁徙定居与融合的重要区域，也为伊斯兰教在西北的强劲传播提供了条件。

二、【丝路关联和价值陈述】

开城遗址在西北地区乃至全国都可谓是一处非常重要的元代大型宫殿建筑群遗存,地处古往今来南北交通要道中,是古萧关道、丝绸之路东段北道的途经之地,具有极为重要的战略意义。开城安西王府的设立,为丝绸之路的落日辉煌提供了政治保证,开辟了长安至兰州的一条捷径;也成为诸多民族迁徙定居与融合的重要区域,其中最引人注目的就是蒙古人与中亚一带的色目人等;也为伊斯兰教在西北的强劲传播提供了条件。

参考文献

宁夏文物考古研究所,固原市原州区文物管理所. 开城安西王府遗址勘探报告 [M]. 北京:科学出版社,2009.

中国建筑设计研究院建筑历史研究所《丝绸之路:长安—天山廊道的路网》项目内部资料.

图61-1 长虫梁城址全景(东—西)

图61-2　北家山区全景（东南—西北）

图61-3　长虫梁城址航拍

图61-4　釉陶龙纹瓦当

图61-5　琉璃套兽眼部残块

图61-6　螭首

图61-7　金饰品

沙赫里夏勃兹历史中心
Historic Centre of Shakhrisyabz

一、【事实性信息】

沙赫里夏勃兹位于中亚河中地区，是始建于公元9世纪、由蒙古帖木儿帝国经营于公元14—15世纪的城市，属丝绸之路上的重要节点。沙赫里夏勃兹历史中心（Historic Centre of Shakhrisyabz）现存遗址为公元14—15世纪帖木儿帝国陪都和帖木儿的夏季居住地遗址。其地处乌兹别克斯坦布哈拉州，北距撒马尔罕约80km，拥有2 000多年的历史。这里在14世纪达到鼎盛。

如今在古城的中世纪城墙内，保存着令人惊叹的遗迹。帖木儿夏宫（Ak-Sarai Palace）始建于1380年，即帖木儿征服花剌子模的第二年。花剌子模工匠被驱使来建造皇宫，造就了丰富的装饰，即便是撒马尔罕拥有的大量帖木儿遗迹，也难与之媲美。帖木儿家族墓（Dorus Saodat）是一片广大的建筑群，除墓葬外，还包括祈祷厅、清真寺，以及教团和朝圣者的住所。圆顶市场（Chor-su Bazzaar）位于两条主要街道的交叉处，平面八边形并带有圆顶。在15世纪基础上重建的浴室如今仍在使用，拥有复杂的地下供热管网。

二、【丝路关联和价值陈述】

沙赫里夏勃兹是中亚丝绸之路上的重要城市、最古老的中亚城市之一，作为帖木儿王朝创建者帖木儿（1336—1405）的诞生地，以及14、15世纪史国（Kesh）的文化和政治中心，见证了15世纪帖木儿统治下的鼎盛状态，是中亚和伊斯兰世界建筑遗产的杰出典范。

参考文献
UNESCO. Historic Centre of Shakhrisyabz [EB/OL].http://whc.unesco.org/en/list/885, 2000/2020-07-29.

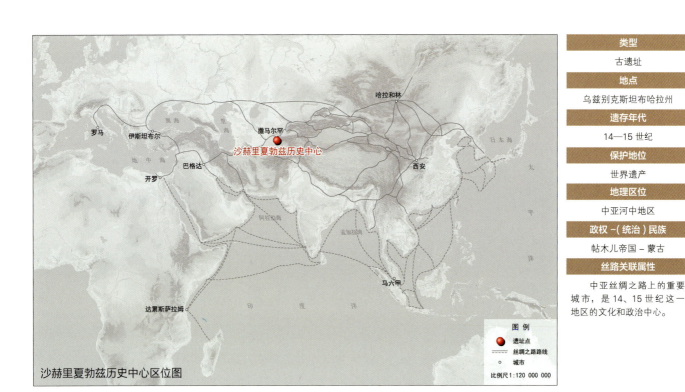

沙赫里夏勃兹历史中心区位图

类型
古遗址
地点
乌兹别克斯坦布哈拉州
遗存年代
14—15世纪
保护地位
世界遗产
地理区位
中亚河中地区
政权 -（统治）民族
帖木儿帝国 - 蒙古
丝路关联属性
中亚丝绸之路上的重要城市，是14、15世纪这一地区的文化和政治中心。

图62-1　帖木儿家族墓

图62-2　Kok-Gumbaz清真寺

图2-3 帖木儿夏宫

琉球王国城堡遗产群
Gusuku Sites of the Kingdom of Ryukyu

一、【事实性信息】

琉球王国城堡遗产群（Gusuku Sites of the Kingdom of Ryukyu）位于中国东海以东、太平洋以西，是琉球王国及其统一前的三个王国于公元12—17世纪建造的古遗迹群，属丝绸之路海上路线的重要节点。其地处日本冲绳岛，从公元15—16世纪，以首里城为中心的琉球王国，因位于中国、日本、朝鲜及东南亚各国海上航运的中间位置，作为"转口贸易地"而繁荣昌盛。

琉球王国的现存遗迹主要包括3大类9处：城堡遗迹（首里城遗址、中城遗址、胜连城遗址、座喜味城遗址、今归仁城遗址、识名园）、玉陵（又称玉御殿或灵御殿）以及御岳（园比屋武御岳石门、斋场御岳）等。

二、【丝路关联和价值陈述】

琉球王国城堡遗产群见证了公元15—16世纪之间（即中国的明朝时期），琉球群岛作为东南亚、中国、韩国和日本之间的重要"转口贸易地"，广泛地受到周边地区和国家的经济与文化影响，并由此形成了自身的独特社会结构和宗教信仰的历史。

参考文献
世界遗产 [EB/OL]. https://www.visitokinawa.jp/about-okinawa/world-heritage?lang=zh-hans.
UNESCO. Gusuku Sites and Related Properties of the Kingdom of Ryukyu [EB/OL]. http://whc.unesco.org/en/list/972, 2020-07-29.

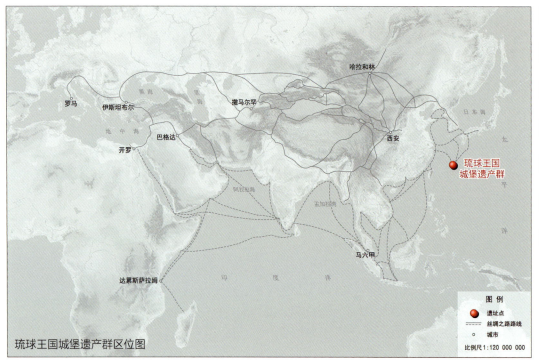

琉球王国城堡遗产群区位图

类型
古遗址
地点
日本冲绳县
遗存年代
12—17世纪
保护地位
世界遗产
地理区位
东亚
民族/族群/政权/国别
琉球王国－琉球族
丝路关联属性
东亚海上商贸国家遗迹，见证了公元15—16世纪琉球群岛作为东南亚、中国、韩国和日本之间的重要"转口贸易地"而繁盛的重要遗迹。

图63-1 首里城城门鸟瞰

图63-2　首里城城门

图63-3　城堡山城鸟瞰

图63-4　首里城宫殿

图63-5　胜连城城墙遗址

图63-6　庭院景观

马六甲
Malacca

一、【事实性信息】

马六甲（Malacca）位于马来半岛南端、马六甲海峡中段北岸，是马来人于公元15世纪建立的马六甲苏丹国都城，属丝绸之路海上路线的重要港口城市。明代史籍称其为"满剌加国"。

马六甲海峡（Strait of Malacca）位于马来半岛和苏门答腊岛之间，总长1 080km，呈东南—西北走向，西北连通印度洋安达曼海，东南连通南中国海，是连接太平洋和印度洋、打通东方和西方的重要国际水道。约公元4世纪，阿拉伯商人开辟了从印度洋穿过马六甲海峡，经过南海到达中国的航线，把中国的丝绸、瓷器，马鲁古群岛的香料，运往罗马等欧洲国家。公元7—15世纪，中国、印度和中东的阿拉伯国家海上贸易往来都要经过马六甲海峡。1402年，来自苏门答腊的拜里米苏拉（Parameswara）以马六甲市为首都建立马六甲苏丹国，受暹罗管辖，每年纳贡。拜里米苏拉强迫过往船只驶往马六甲，并建立了可靠的仓储和贸易设施，将马六甲建设成为国际港口。因航海位置优越，马六甲很快成为马六甲海峡最重要的港口，波斯、阿拉伯、印度、中国及马来群岛等地区物产均汇聚于此。1409年（明永乐七年），郑和船队第三次下西洋时经停马六甲，代表明朝赐王国头目双台银印、冠带袍服，建碑封域，称"满剌加国"，自此马六甲苏丹国得到明朝的保护，不再受到暹罗的侵扰。其后，第三至第七次郑和船队的历次航海活动均驻节马六甲，参与营建马六甲城，建立了仓库与防御工事，使其成为中国前往印度洋的商业枢纽和基地。郑和船队通事教谕费信所著《星槎胜览》、通事教谕马欢所著《瀛涯胜览》、总制之幕巩珍所著《西洋番国志》都分别设有"满剌加国"专篇记述其位置环境、民风物产。

16世纪初，葡萄牙航海家开辟了大西洋经马六甲海峡至印度洋的航线，其后几个世纪，马六甲先后被葡萄牙、荷兰、英国占领和殖民。1957年马来西亚独立，马六甲成为其中一州。

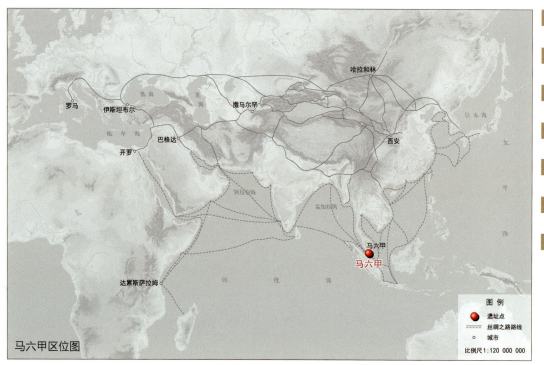

马六甲区位图

类型
历史城市
地点
马来西亚马六甲州
遗存年代
15—19世纪
保护地位
世界遗产
地理区位
东南亚，马来半岛南部
民族/族群/政权/国别
马六甲苏丹国–马来人
丝路关联属性
马六甲海峡最重要的海港城市，海上丝绸之路在东南亚地区连接东西方的重要节点。

二、【丝路关联和价值陈述】

马六甲海峡是海上丝绸之路连接中国与西方、太平洋和印度洋的重要交通孔道。马六甲市作为马六甲海峡最重要的海港城市，吸引了波斯、阿拉伯、印度、爪哇、中国等地区的商人在此停泊，是海上丝绸之路在东南亚地区连接东西方的重要节点，在500多年间推动和见证了东西方经马六甲海峡的贸易往来与文化交流。

明代郑和七下西洋的远航活动中五次停靠马六甲，但都是官兵屯扎在三保山，船队停泊马六甲海域，既没有占领当地土地，也没有抢夺当地财物。如今的马六甲仍留存有纪念郑和的三保山、三保井、宝山亭（三保公庙）等，还流传许多郑和帮助当地人修筑城墙、抗击海盗的故事，见证了明代郑和下西洋远航活动传播和平的历史。

参考文献

[元] 汪大渊. 岛夷志略校释 [M]. 北京：中华书局, 1981.
[明] 费信. 星槎胜览校注 [M]. 北京：中华书局, 1954.
[明] 马欢. 瀛涯胜览校注 [M]. 北京：中华书局, 1955.

图64-1　马六甲海峡鸟瞰

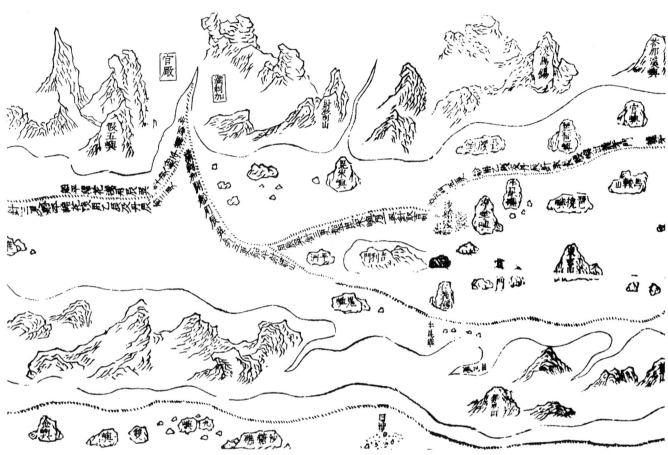

图64-2　郑和航海图（局部）中的满剌加（图左上部）

固原古城遗址
Site of Ancient Guyuan City

一、【事实性信息】

固原城（Guyuan City）位于黄土高原西北缘，始建于公元前114年（汉武帝元鼎三年），现存遗址始建于15世纪，属公元2世纪以来历朝经营丝绸之路的重要城市。汉时称"高平"。

古城平面呈"回"字形，由内、外两重城组成。内城周长4 650m，现存城墙5段，残长1 228m。外城周长6 850m，现存城墙8段，残长1 669m。城内主要遗存包括城隍庙、财神楼和文澜阁。

二、【丝路关联和价值陈述】

固原古城是丝绸之路沿线重要的城市遗存，对确保丝绸之路畅通、贸易活动繁荣、中西文化交流、民族徙居、军事防御都曾发挥过不可替代的作用。

参考文献
中国建筑设计研究院建筑历史研究所《丝绸之路：长安—天山廊道的路网》项目内部资料．

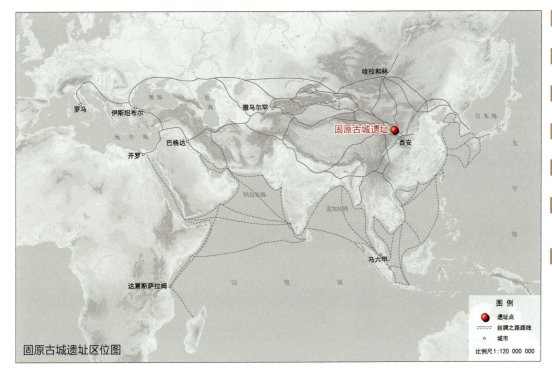

固原古城遗址区位图

类型
古遗址
地点
宁夏回族自治区固原市原州区
遗存年代
15—20世纪
保护地位
全国重点文物保护单位
地理区位
东亚黄土高原
民族/族群/政权/国别
中国明朝－汉族，中国清朝－满族
丝路关联属性
丝绸之路沿线重要的城市遗存，对确保丝绸之路畅通、贸易活动繁荣、中西文化交流、民族徙居、军事防御都曾发挥重要的作用。

图65-1 古城墙西北角

图65-2 1960年代的外城瓮城

图65-3 城隍庙

图65-4 财神楼

图65-5 文澜阁

科钦
Cochin

一、【事实性信息】

科钦（Cochin）位于印度南部喀拉拉邦，是印度人于4世纪以来在阿拉伯海东岸经营的海港城市，属海上丝绸之路的重要交通节点。明代史籍称其为"柯枝国"。

科钦盛产胡椒，14世纪起，科钦随着波斯、阿拉伯和中国商船在马拉巴沿海的香料贸易而逐渐繁荣，成为印度次西岸的香料贸易中心，被誉为"阿拉伯海皇后"（Queen of the Arabian Sea）。明代史料记载其国内有一类人名"哲地"，是国内第三等人，皆是财主，他们收购下宝石、珍珠、香料等货物后，再等中国或者其他国家的商船到港后向其售卖。[1] 在科钦兴盛之前，其北部相邻的科泽科德（《明史》称"古里"）是马拉巴沿海最主要的商贸港口，而科钦的崛起使这两座港口城市展开了激烈的竞争。1408年（明永乐六年）明朝郑和船队第二次下西洋中经停科钦（《明史》称"柯枝"），其后1411—1412年（明永乐九年、十年），科钦王国国王可亦里接连遣使入贡明朝，请求赐印并封其国中之山。1416年（永乐十四年），明成祖赐科钦国王印诰，封其国中之山为镇国山，并赐"柯枝御制碑"，亲制碑文和铭诗，在郑和船队第五次下西洋时带给科钦王国。其后，科钦王国隔年向明朝入贡。[2] 郑和船队第二次和第四至第七次下西洋活动均在柯枝停留。与明朝的频繁交往和来自明朝的封山勒铭大大提升了科钦王国的地位，在一段时间内保护了科钦王国，使其免受科泽科德所属的"卡里卡特扎莫林王国"的军事入侵。但郑和下西洋活动停止后，约在15世纪末，科钦被扎莫林占领。郑和船队通事教谕费信所著《星槎胜览》、通事教谕马欢所著《瀛涯胜览》、总制之幕巩珍所著《西洋番国志》都分别设有"柯枝国"专篇记述其位置环境、民风物产。

进入大航海时代，葡萄牙航海家达·伽马（Vasco da Gama）于16世纪初以科钦为据点攻打科泽科德，其后葡萄牙人占领了科钦并修筑"科钦堡"（Fort Kochi）。从16世纪至20世纪中叶，葡萄牙、荷兰、英国等欧洲国家先后统治科钦并在此开展贸易活动，直至1947年印度独立，科钦成为喀拉拉邦的主要港口。

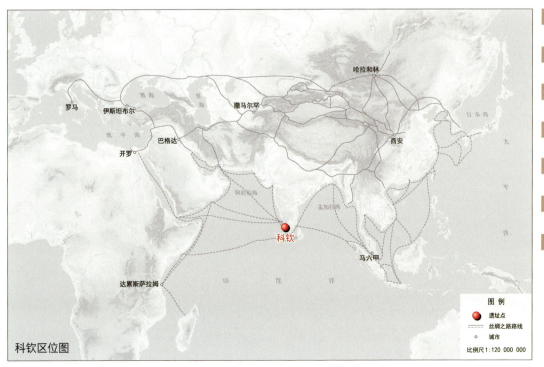

科钦区位图 比例尺 1∶120 000 000

类型
历史城市
地点
印度喀拉拉邦
遗存年代
16世纪
保护地位
—
地理区位
南亚，阿拉伯海东岸
民族/族群/政权/国别
科钦王国 – 印度人
丝路关联属性
阿拉伯海东岸重要的海港城市，郑和商船队多次到访，印度洋沿岸唯一获明朝封山勒铭的国家，葡萄牙航海家达·伽马去世地。

二、【丝路关联和价值陈述】

科钦作为古印度的重要港口，是环阿拉伯海的重要商业城市和交通枢纽，是东亚、南亚、阿拉伯地区乃至非洲东岸之间几个世纪航海交通与贸易交流的重要见证。科钦王国作为印度洋沿岸唯一获明朝封山勒铭的国家，表明在 600 多年前中国与印度洋沿岸国家之间不仅海上丝绸之路畅通，而且已经建立起了十分密切的关系。柯枝封山勒铭成了中国与印度洋沿岸交流的标志性事件，标志着明代海上丝绸之路发展到了一个新阶段。[3] 此外，1524 年达·伽马于科钦去世，圣法兰西斯教堂至今仍保留了达·伽马墓（骨灰于 1539 年运回葡萄牙）。达·伽马墓见证了大航海时代欧洲航海家发现印度、占领印度的历史。

1 见 [明] 马欢《瀛涯胜览》"柯枝国"条。
2 见《明史·列传》卷二百一十四 "外国七"。
3 晁中辰. 明永乐帝为柯枝封山考：以《明史·柯枝传》为中心 [J]. 社会科学辑刊，2016(3):20–23.

参考文献

[明] 费信. 星槎胜览校注 [M]. 北京：中华书局，1954.
[明] 马欢. 瀛涯胜览校注 [M]. 北京：中华书局，1955.
[清] 张廷玉等撰. 明史 [M]. 北京：中华书局，1997.
晁中辰. 明永乐帝为柯枝封山考：以《明史·柯枝传》为中心 [J]. 社会科学辑刊，2016(3):20–23.

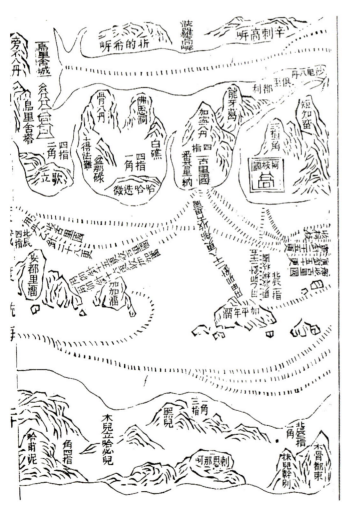

图66-1 郑和航海图（局部）中的柯枝国（图左上部）

科泽科德
Calicut

一、【事实性信息】

科泽科德（Kozhikode 或 Calicut）位于印度南部喀拉拉邦，是公元7世纪以来在阿拉伯海东岸形成的港口城市，属海上丝绸之路重要交通、贸易节点。其在宋代史籍中属于"南毗国"，元代史籍称其为"古里佛"，明代史籍称其为"古里"，伊本·白图泰游记中称其为"Kalicut"。

公元7世纪阿拉伯商人已与马拉巴尔海岸进行贸易，在中世纪，科泽科德因其作为亚洲香料的主要贸易点而被称为"香料之城"。12世纪初，Samoothiris 创立的"卡里卡特扎莫林王国"（Zamorin of Calicut）统治马拉巴尔海岸，以科泽科德为首都，推行了宽松开放的贸易政策，13世纪科泽科德被辟为自由港，由此逐渐成为马拉巴尔海岸的商贸中心，港口贸易税收成了国家主要收入。[1] 14世纪摩洛哥旅行家伊本·白图泰（Ibn Batutah）曾到访科泽科德，记录其"中国、爪哇、锡兰以及兹贝·麦赫勒人，以及也门、波斯人都至此地，真是各方商人荟萃之地。当地的港口是世界巨港之一"[2]。世界各国的商人带来了各海洋国家大量珍贵的货物，特别是来自今埃塞尔比亚、坦桑尼亚等东非海洋国家的货物。[3] 作为商贸港口，科泽科德非常安全，"风俗甚厚，行者让路，道不拾遗。"[4] 城市治安优良、法律完善，商人们带来大量货物后可无需顾虑地将其卸货并发往市场，有海关官员负责照管商品、昼夜守卫，海关对销售的货物征收四十分之一的关税，但如果没有卖出则不收取任何费用。因此在科泽科德港，不论船来自哪里、停泊在哪里，都不会遇到任何麻烦。[5] 中国与科泽科德自古往来密切。南宋赵汝适所著《诸蕃志》所载"南毗国"约为今拉尔海岸地区，土产珍珠、诸色番布、兜罗绵。元代旅行家汪大渊曾到访科泽科德，所著《岛夷志略》形容其地理位置"当巨海之要冲"。明代称科泽科德为"古里国"，郑和船队七下西洋均在古里停留。其中，第一次、第二次航行均以古里为终点，第四到第七次航行中，郑和船队不仅泊驻古里，还以之为基地向西进入阿拉伯海、波斯湾、东非海岸。郑和船队通事教谕费信

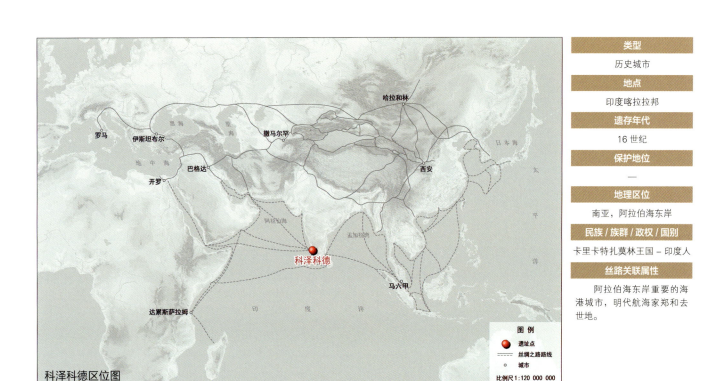

科泽科德区位图 比例尺 1:120 000 000

类型
历史城市
地点
印度喀拉拉邦
遗存年代
16世纪
保护地位
—
地理区位
南亚，阿拉伯海东岸
民族/族群/政权/国别
卡里卡特扎莫林王国 – 印度人
丝路关联属性
阿拉伯海东岸重要的海港城市，明代航海家郑和去世地。

所著《星槎胜览》、通事教谕马欢所著《瀛涯胜览》、总制之幕巩珍所著《西洋番国志》都分别设有"古里国"专篇记述其位置环境、民风物产。永乐五年（1407年），郑和船队第二次下西洋到达古里时，为古里国王带去了明成祖朱棣敕赐的诰命银印，赏各头目的品级冠带，并在古里立石碑，碑文云："其国去中国十万余里，民物咸若，熙皞同风，刻石于兹，永示万世。"[6] 1421—1433年，古里国王多次派遣使团访问明南京和明北京，带去了胡椒、马匹等礼物。

15世纪末，大航海时代开启。1498年葡萄牙航海家达·伽马（Vasco da Gama）以科泽科德为登陆印度的第一站，开辟了欧洲与马拉巴尔地区之间的贸易路线。其后，从16世纪—20世纪中叶，葡萄牙、荷兰、法国、英国等欧洲国家陆续在科泽科德展开争夺、战争、贸易乃至殖民统治，直至1947年印度独立，科泽科德从属于喀拉拉邦。

二、【丝路关联和价值陈述】

科泽科德作为历史上印度西岸重要的港口城市，因丰富的物产资源，马拉巴尔海岸上的优越地理位置，以及开放友好的政策，13世纪以后成为阿拉伯海东岸航线上重要的商贸中心和航海中转站。作为当时世界上重要的海上贸易中心，科泽科德既经历了冲突、掠夺和战争，也经历了自由贸易和友好交流，是东亚、南亚、阿拉伯地区乃至非洲东岸之间十几个世纪航海交通与贸易交流的重要见证。摩洛哥旅行家伊本·白图泰、波斯帖木儿王朝大使伊卜杜勒·拉扎克、元朝旅行家汪大渊、明朝航海家郑和、意大利旅行家尼科洛·德孔蒂（Niccolò de'Conti）、葡萄牙航海家达·伽马等世界各国旅行家和航海家都曾到访此地，留下了对当地不同时期的多角度丰富记述，是研究印度历史和世界航海贸易历史的重要资料。

古里国作为郑和船队七下西洋的重要泊驻地和中转站，接受了明朝的敕赐和立碑，多年间与明朝友好贸易，互派使节往来，见证了郑和船队七下西洋的壮举，更见证了明朝与海上丝绸之路沿线国家和平友好交往的历史。现在的科泽科德市及其周围地区，仍可以看到与中国有关的地名，例如"丝绸街"（Silk Street）、"华人堡"（Chinakotta）、"华人聚居地"（Chinachery）和"中国清真寺"（Chinapalli）等，[7] 是历史上中国商人在当地商贸活动留下的痕迹。

---

1. Subairath C.T. calicut: a centri-petal force in the chinese and arab trade (1200 - 1500)[M]//Proceedings of the Indian History Congress. Vol. 72, PART-II, 2011: 1082-1089.
2. （摩洛哥）伊本·白图泰著. 伊本·白图泰游记[M]. 马金鹏译. 北京：华文出版社，2015：356.
3. Abdur Razzak. Narrative of my voyage into Hindoostan, and the wonders and remarkable peculiarities which this country presents[M]//INDIA IN THE FIFTEENTH CENTURY. Cambridge University Press：2010
4. 见[明]费信《星槎胜览》"古里国"条.
5. Abdur Razzak. Narrative of my voyage into Hindoostan, and the wonders and remarkable peculiarities which this country presents[M]//INDIA IN THE FIFTEENTH CENTURY. Cambridge University Press：2010
6. 见[明]马欢《瀛涯胜览》"古里国"条.
7. Michael Keevak. Embassies to China: Diplomacy and Cultural Encounters Before the Opium Wars.
Das Gupta, A. Malabar in Asian Trade: 1740-1800. Cambridge University Press, Cambridge, 1967.

参考文献

[宋]赵汝适. 诸蕃志校释[M]. 北京：中华书局，1996.
[元]汪大渊. 岛夷志略校释[M]. 北京：中华书局，1981.
[明]费信. 星槎胜览校注[M]. 北京：中华书局，1954.
[明]马欢. 瀛涯胜览校注[M]. 北京：中华书局，1955.
[摩洛哥]伊本·白图泰著. 伊本·白图泰游记[M]. 马金鹏译. 北京：华文出版社，2015.
Abdur Razzak. Narrative of my voyage into Hindoostan, and the wonders and remarkable peculiarities which this country presents [C]//INDIA IN THE FIFTEENTH CENTURY. Cambridge University Press, 2010.
Subairath C.T. CALICUT: A CENTRI-PETAL FORCE IN THE CHINESE AND ARAB TRADE (1200 - 1500) [C]//Proceedings of the Indian History Congress. Vol. 72, PART-II, 2011.
Michael Keevak. Embassies to China: Diplomacy and Cultural Encounters Before the Opium Wars[M]. London：Palgrave Macmillan, 2017.
Das Gupta, A., 1967. Malabar in Asian Trade: 1740-1800[M]. Cambridge：Cambridge University Press, 1967.

城镇 259

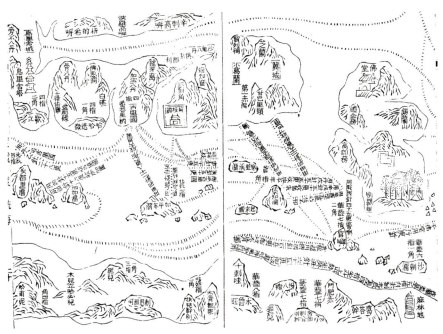

图67-1 郑和航海图（局部）中的古里国（图左上部）

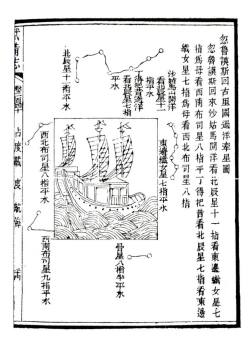

图67-2 郑和航海图中"忽鲁谟斯回古里国过洋牵星图"

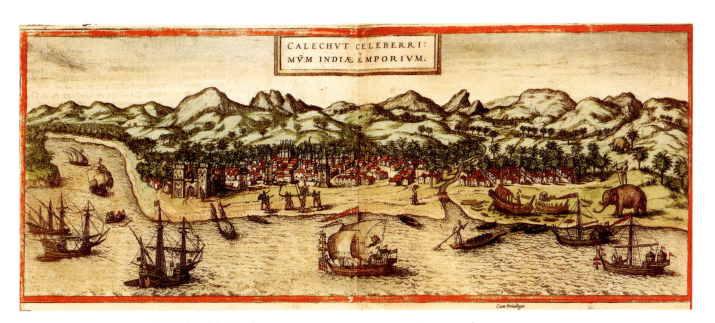

图67-3 16世纪欧洲地图集中的科泽科德港口（Calechvt Celeberri Mvm India Emporivm）

吉大港
Chittagong

一、【事实性信息】

吉大港（Chittagong）位于印度洋孟加拉湾北、戈尔诺普利河下游右岸，是中世纪印度洋海上丝绸之路的贸易枢纽和造船中心之一。明代史籍记载为"浙地港"（亦作"撒地港""察地港"），属明代"榜葛剌国"（孟加拉苏丹国）。

孟加拉湾位于印度洋北部，是世界最大的海湾。从孟加拉湾向西可经由印度和斯里兰卡之间的保克海峡（Palk Strait）绕行入阿拉伯海，向东可经由马六甲海峡进入东南亚和东亚地区。8世纪起，随着海上丝绸之路开辟，孟加拉湾成为联通太平洋和印度洋的重要通道。吉大港的历史可以追溯到公元前4世纪，公元2世纪古希腊地理学家托勒密绘制的世界地图中已出现其港口。约9世纪阿拉伯穆斯林开始与吉大港通商，将吉大港与阿巴斯哈里发王朝的巴格达通过海上航线连接起来。中世纪的吉大港是中国、苏门答腊、马尔代夫、斯里兰卡、中东和东非进行海上贸易的枢纽，以珍珠、丝绸、平纹细布、大米、金条、马和火药的贸易而著称，其港口还是主要的造船中心。1345年摩洛哥旅行家伊本·白图泰曾到访吉大港，形容其为"大海岸上的一座大城……河内船舰甚多"[1]。15世纪中国明代航海家郑和七下西洋，曾数次停靠于吉大港，再换乘小船沿河至锁纳儿港登岸进入"榜葛剌"首都。[2] 1414年（永乐十二年）和1438年（正统三年），榜葛剌国遣使向明朝进贡"麒麟"（长颈鹿）及名马。

16世纪开始吉大港被葡萄牙殖民一个多世纪，至1666年被莫卧儿帝国占领，18世纪末又被英国占领，属于英属印度的一部分，至1971孟加拉国在吉大港宣布独立。

二、【丝路关联和价值陈述】

吉大港是孟加拉湾重要的海港城市，也是海上丝绸之路

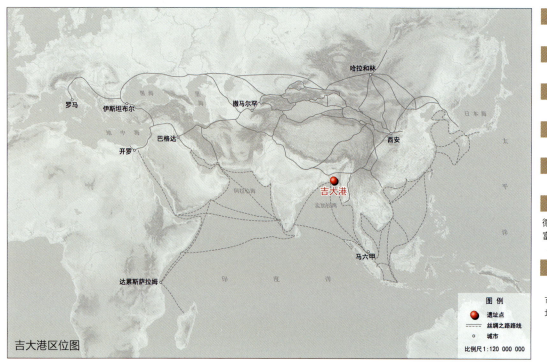

吉大港区位图

类型
历史城市
地点
孟加拉国吉大港区
遗存年代
16—19世纪
保护地位
—
地理区位
南亚，孟加拉湾北岸
民族/族群/政权/国别
德里苏丹国领土 – 突厥人和阿富汗人，孟加拉苏丹国 – 孟加拉人，莫卧儿帝国 – 蒙古人
丝路关联属性
孟加拉湾重要的海港城市，海上丝绸之路在孟加拉地区的重要节点。

在孟加拉地区的第一站。十几个世纪以来，吉大港见证了东西方不同国家经由孟加拉湾航道往来贸易的繁盛。13—16世纪，大量阿拉伯人和波斯人通过海上贸易航线来到吉大港并定居，带来了伊斯兰教和波斯语，深刻影响了孟加拉苏丹国的人种、历史、宗教和语言。同时，作为明代郑和船队在访问榜葛剌国时的泊驻地，吉大港也见证了明代郑和七下西洋的远航活动以及榜葛剌国与明朝的友好往来。

1 〔摩洛哥〕伊本·白图泰著. 伊本·白图泰游记 [M]. 马金鹏译. 北京：华文出版社，2015：384.
2 〔明〕马欢《瀛涯胜览》"榜葛剌国"条："先到浙地港泊船，用小船入港，五百余里到地名锁纳儿港登岸，向西南行三十五站到其国。"

参考文献

〔明〕费信. 星槎胜览校注 [M]. 北京：中华书局，1954.
〔明〕马欢. 瀛涯胜览校注 [M]. 北京：中华书局，1955.
〔摩洛哥〕伊本·白图泰著. 伊本·白图泰游记 [M]. 马金鹏译. 北京：华文出版社，2015.

图68-1　吉大港与戈尔诺普利河鸟瞰

图68-2　（明）沈度《瑞应麒麟图》

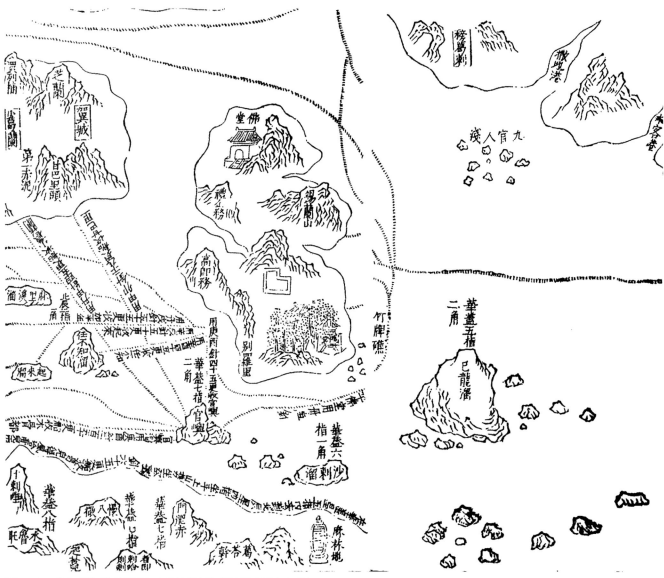

图68-3 郑和航海图（局部）中的榜葛刺和浙地港（图右上部）

加勒
Galle

一、【事实性信息】

加勒（Galle）位于印度次大陆东南方向的斯里兰卡岛的西南端，是公元14—15世纪随着斯里兰卡政治中心转移后逐渐繁荣起来的印度洋西部港口城市，属海上丝绸之路海上路线的交通枢纽。

斯里兰卡四面环海，港口众多，东西方海路航线在这里交汇，是连接波斯湾、红海、西南亚、东南亚和远东的枢纽。作为斯里兰卡南部港口，加勒于14—15世纪随斯里兰卡的政治中心转移到西南之后逐渐繁荣，至迟在14世纪中期，加勒已成为十分重要的港口。摩洛哥旅行家伊本·白图泰1342年到访加勒，当地一穆斯林船主招待了他。[1] 根据斯里兰卡古诗集《Sandasa》的记载，到公元15世纪，加勒已是一个设施完备的商业中心。[2] 明代中国与加勒的往来较为频繁，郑和七次下西洋均经停锡兰国（斯里兰卡），《瀛涯胜览》记载船队经"别罗里"港登陆，[3] 该港口位置经考证约在今加勒或其北部相距约60km的贝鲁瓦拉（Beruwala）。1911年曾在加勒发现《布施锡兰山佛寺碑》，[4] 是明代郑和船队到访锡兰山时所立，据考证该碑应原立于加勒以东50km的另一港口城市栋德拉（Dondra）。[5] 该碑刻于"永乐七年岁次己丑二月甲戌朔日"（1409年），用中文、泰米尔文和波斯文刻就，约在1410年（明永乐八年）秋末第三次郑和下西洋抵达锡兰山国后，在佛寺布施时竖立。[6] 此外，在加勒地区及其附近海域发现大量中国明代及清代早期瓷器，今加勒附近的村庄"中国村"（China-gama）即古代中国人在加勒的聚居地，结合各类记录，至16世纪有大量中国人聚居加勒并与本地人通婚、建造建筑。[7]

16世纪后葡萄牙人定居加勒，建设城墙壁垒，17世纪中叶荷兰人占领加勒后进一步大规模建设，形成了较完整的军事堡垒，19世纪初英国殖民加勒，继续加盖灯塔、钟楼、城门等建筑物，形成如今的世界文化遗产加勒老城及其城堡（Old Town of Galle and its Fort）。

二、【丝路关联和价值陈述】

斯里兰卡地处印度洋中心，航线交汇，自古以来港口众

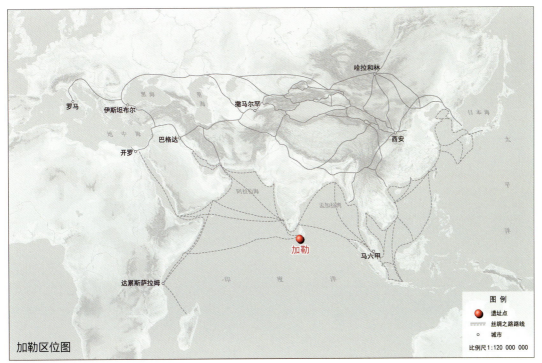

加勒区位图

类型
历史城市
地点
斯里兰卡
遗存年代
16—19世纪
保护地位
世界遗产
地理区位
南亚，印度洋西部
民族/族群/政权/国别
阿努拉德普勒王国/波隆纳鲁瓦王国 – 僧伽罗人和泰米尔人
丝路关联属性
斯里兰卡岛重要的海港城市，海上丝绸之路在印度洋地区的贸易中心与货物集散地。

多，不仅东西方货物云集，而且本地物产丰富，成为海上丝绸之路重要的贸易中心与货物集散地。加勒作为斯里兰卡诸多港口城市的代表，因其得天独厚的地理位置和象牙、宝石、肉桂等丰富物产，至迟在14世纪已是著名海港，波斯人、阿拉伯人、希腊人、罗马人、马来人、印度人和中国人通过加勒港口中转、经商。郑和《布施锡兰山佛寺碑》碑文包含中文、波斯文和泰米尔文，也说明斯里兰卡南部地区活跃着大量中国人、穆斯林和南印度商人。在加勒及附近城市发现的古代中国钱币、瓷器及瓦片，中国人的聚居地，以及郑和《布施锡兰山佛寺碑》，实证了中国明代与斯里兰卡（锡兰）通过海上丝绸之路建立起的密切联系。

1. （摩洛哥）伊本·白图泰著. 伊本·白图泰游记[M]. 马金鹏译. 北京：华文出版社，2015：377.
2. 查迪玛（A.Chandima）. 斯里兰卡藏中国古代文物研究[D]. 山东大学，2011.
3. 见[明]马欢《瀛涯胜览》"锡兰国"条："过此投西，船行七日，见莺歌嘴山，再三两日，到佛堂山，才到锡兰国马头名别罗里。自此泊船，登岸陆行。"
4. 碑刻今藏于斯里兰卡科伦坡国家博物馆（National Museum of Colombo）.
5. 查迪玛（A.Chandima）. 斯里兰卡藏中国古代文物研究[D]. 山东大学，2011.
6. 沈鸣. 郑和《布施锡兰山佛寺碑》碑文新考[J]. 东南文化，2015(2):89-95.
7. 查迪玛（A.Chandima）. 斯里兰卡藏中国古代文物研究[D]. 山东大学，2011.

参考文献

[明] 费信. 星槎胜览校注[M]. 北京：中华书局，1954.
[明] 马欢. 瀛涯胜览校注[M]. 北京：中华书局，1955.
（摩洛哥）伊本·白图泰著. 伊本·白图泰游记[M]. 马金鹏译. 北京：华文出版社，2015.
查迪玛（A.Chandima）. 斯里兰卡藏中国古代文物研究[D]. 山东大学，2011.
沈鸣. 郑和《布施锡兰山佛寺碑》碑文新考[J]. 东南文化，2015(2):89-95.

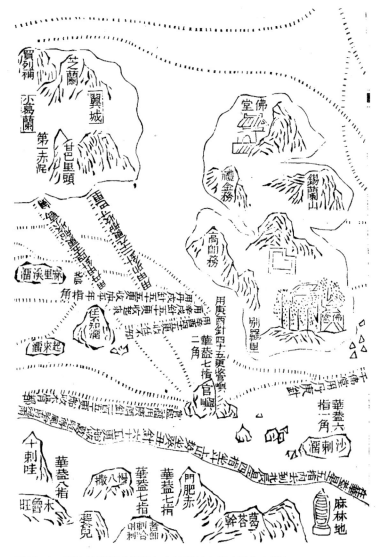

图69-1　郑和航海图（局部）中的锡兰山国（图右上部）

图69-2　明《布施锡兰山佛寺碑》拓片

希瓦古城
Khiva

一、【事实性信息】

希瓦古城(Khiva)位于中亚河中地区,是 16—20 世纪由乌兹别克王族建立的希瓦汗国都城,属丝绸之路上的手工业和贸易枢纽之一。古城地处乌兹别克斯坦西部花剌子模州南部,位于阿姆河下游的希瓦绿洲上,周边小湖、河滩、沼泽众多。古城内大多数遗迹建于 18—19 世纪,其中一些构件可上溯至 10 世纪。

古城的空间格局可分为内城和外城两部分。内城名为伊钦·卡拉(Ichan Kala),平面近长方形,南北长 650m,东西宽 400m,占地 26hm²。内城四面各有 1 座城门,砖墙高 10m,周长 2.2km。外城名为迪珊·卡拉(Dishan Kala),平面形状不规则,东西较长,南北较窄,似一口袋。外城原有 11 座城门,城墙原周长 6.2km,现仅存 3 门和部分城墙。内城伊钦·卡拉以其伊斯兰建筑闻名世界,于 1990 年列入世界遗产名录,城内著名建筑包括朱玛清真寺(Djuma Mosque)、奥克清真寺(Oq Mosque)、阿拉库力汗经学院(Madrasah of Alla-Kulli-Khan)、穆罕默德·艾敏汗经学院(Madrasah of Muhammad Aminkhon)、穆罕默德·拉希姆汗经学院(Madrasah of Muhammad Rakhimkhon)、帕赫拉万·马赫穆德陵墓(Mausoleums of Pahlavon Mahmoud)、赛义德·阿拉乌丁陵墓(Mausoleum of Sayid Allavuddin)、谢尔格齐汗陵墓(Mausoleum of Shergozikhon)、商队旅店、市场,以及 200 余座住宅。

二、【丝路关联和价值陈述】

希瓦古城地处中亚交通要冲,自 4 世纪以来就是丝绸之路的必经之地,手工业与商业十分繁荣,同时也是重要的文化交流节点,被誉为"中亚的明珠"。

参考文献

National Institute of Informatics. The Journey to Khiva, the world heritage in Silk Road through old photographs [EB/OL]. http://dsr.nii.ac.jp/khiva/en/01info.html,2020-07-29.
UNESCO. Itchan Kala [R/OL].http://whc.unesco.org/en/list/543/, 2020-07-29.

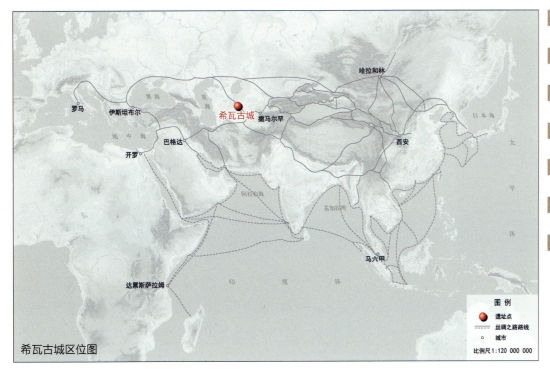

希瓦古城区位图 比例尺 1:120 000 000

类型
古遗址
地点
乌兹别克斯坦花剌子模州
遗存年代
10—20 世纪
保护地位
世界遗产
地理区位
中亚河中地区
政权 -(统治)民族
希瓦汗国 – 乌兹别克人
丝路关联属性
希瓦古城地处中亚交通要冲,自 4 世纪以来就是丝绸之路的必经之地,手工业与商业十分繁荣,同时也是重要的文化交流节点,被誉为"中亚的明珠"。

图70-1　希瓦古城全景

图70-2　伊钦卡拉城墙

图70-3　朱玛清真寺的柱厅

图70-4　内城西门及穆罕默德·艾敏汗经学院

图片来源

主旨论文图片来源

除下列说明外,均由遗产地保护管理机构提供

图11 傅熹年. 古建撷英: 傅熹年建筑画选[M]. 北京: 文津出版社, 2019.

图15 孙秉根, 陈戈, 冯承泽. 新疆吉木萨尔北庭古城调查[J]. 考古, 1982(2): 165–175.

图17 中国大百科全书数据库. 龟兹[DB/OL]. http://h.bkzx.cn/item/龟兹, 2020-07-29.

图18 陈凌. 丝绸之路的古城[M]. 西安: 三秦出版社, 2015:220.

遗产点图片来源

图1-1~图1-8、图4-2、图4-3、图4-5~图4-9、图5-6、图8-1~图8-7、图9-1、图9-3~图9-6、图12-1~图12-8、图17-1~图17-5、图23-1~图23-7、图27-1~图27-15、图29-1~图29-6、图35-1~图35-4、图36-1~图36-6、图38-1~图38-9、图39-1~图39-6、图40-1~图40-7、图41-1~图41-4、图44-1~图44-8、图44-10~图44-14、图47-1~图47-11、图48-1~图48-9、图49-1~图49-4、图51-1~图51-10、图52-1~图52-6、图65-1~图65-5 由遗产地保护管理机构提供

图2-1、图2-2、图3-3、图3-5、图10-2~图10-4、图13-4~图13-6、图20-3、图20-5、图20-6、图25-1、图25-3~图25-5、图34-1~图34-4、图45-1~图45-3、图53-1、图53-2、图54-1~图54-4、图54-6~图54-8、图57-1、图57-3、图58-1、图58-3、图58-4、图62-1~图62-3、图63-1~图63-6、图64-1、图68-1、图70-1~图70-3 由Alamy Stock Photos提供, "图虫创意"授权使用

图3-1、图3-2、图3-4、图3-6、图3-7 由刘翔宇提供

图4-1 中国科学院考古研究所洛阳工作队. 汉魏洛阳城初步勘查[J]. 考古, 1973(4):198–208.

图4-4 中国社会科学院考古研究所. 北魏洛阳永宁寺[M]. 北京: 中国大百科全书出版社, 1996.

图5-1~图5-5 中国社会科学院考古研究所, 河北省文物研究所, 河北省临漳县文物旅游局. 邺城考古发现与研究[M]. 北京: 文物出版社, 2014.

图5-7 中国社会科学院考古研究所, 河北省文物研究所邺城考古队. 河北临漳邺城遗址核桃园一号建筑基址发掘报告[J]. 考古学报, 2016(4):563–591.

图5-8 中国社会科学院考古研究所, 河北省文物研究所邺城考古队. 河北邺城遗址赵彭城北朝佛寺与北吴庄佛教造像埋藏坑[J]. 考古, 2013(7):49–68.

图6-1~图6-5、图16-2、图26-1~图26-4、图33-1~图33-7 由中国建筑设计研究院有限公司建筑历史研究所提供

图7-1、图7-3~图7-7 国家文物局主编. 中国文物地图集: 山西分册(上). 北京: 中国地图出版社, 2006.

图7-2 王银田, 曹臣明, 韩生存. 山西大同市北魏平城明堂遗址1995年的发掘[J]. 考古, 2001(3):26–34.

图9-2 傅熹年. 古建撷英: 傅熹年建筑画选[M]. 北京: 文津出版社, 2019.

图9-7 龚国强, 何岁利, 李春林. 西安市唐长安城大明宫丹凤门遗址的发掘[J]. 考古, 2006(7):39–49.

图10-1、图13-1、图13-3、图20-1、图20-4、图30-2、图54-5、图57-2、图58-2、图70-4 由"视觉中国"授权使用

图10-5 撒马尔罕古城大使厅北壁壁画[J]. 美术研究, 2017(5):40.

图11-1 中国历史博物馆遥感与航空摄影考古中心, 内蒙古自治区文物考古研究所. 内蒙古东南部航空摄影考古报告[J]. 北京: 科学出版社, 2002.

图11-2 董新林. 辽上京规制和北宋东京模式[J]. 考古, 2019(5):3–19.

图11-3 汪盈, 董新林, 陈永志, 曹建恩, 左利军, 肖淮雁. 内蒙古巴林左旗辽上京遗址的考古新发现[J]. 考古, 2017(1):3–8.

图11-4、图11-5 由天津大学建筑学院建筑历史与理论研究所提供

图13-2 Gangler, Gaube, Petruccioli. Bukhara – The eastern dome of Islam: urban development, urban space, architecture and population[M]. Stuttgart: Edition Axel Menges, 2004.

图13-7 由LoggaWiggler在Pixabay上发布并许可使用

图14-1~图14-4、图13-4~图13-6、图15-1、图15-3、图60-5、图60-6 由刘拓提供

图15-2、图15-4、图46-1~图46-9、图55-1~图55-12、图59-1~图59-5、图60-1~图60-4 由刘昂提供

图16-1、图16-3 Hans-Georg Hüttel, Ulambayar Erdenebat. Karabalgasun und Karakorum: zwei spätnomadische Stadtsiedlungen im Orchon Tal: Ausgrabungen und Forschungen des Deutschen Archäologischen Instituts und der Mongolischen Akademie der Wissenschaften 2000-2009[M]. Ulaanbaatar: Mongol Ulsyn Shinzhlekh Ukhaany Akademi, 2009.

图18-1 中国大百科全书数据库. 大都[DB/OL]. http://h.bkzx.cn/item/大都, 2020-07-29.

图18-2、图18-3 元大都考古队. 元大都的考古勘查与发掘[J]. 考古. 北京: 考古杂志编辑部, 1972(1): 19–28.

图18-4 中国建筑艺术全集编辑委员会. 中国建筑艺术全集: 佛教建筑(3)藏传[M]. 北京: 中国建筑工业出版社, 1999.

图19-1、图22-2、图22-3、图28-1、图28-2 新疆维吾尔自治区文物局. 新疆维吾尔自治区第三次全国文物普查成果集成. 新疆古城遗址[M]. 北京: 科学出版社, 2011: 419.

图19-2 其中1、3、8、9来自: 新疆维吾尔自治区文物局. 新疆维吾尔自治区第三次全国文物普查成果集成. 新疆生产建设兵团辖区内不可移动文物[M]. 北京: 科学出版社, 2011; 2、4–7引自: 石俊. 浅析元代陆上丝绸之路之繁盛: 以新疆地区考古发现的瓷器为引[J]. 文物鉴定与鉴赏, 2019(19):50–53.

图20-2 潘谷西, 陈薇. 城市演进中的南京明故宫遗址保护定位[A]. 中国紫禁城学会. 中国紫禁城学会论文集(第五辑 上)[C].: 中国紫禁城学会, 2007:17.

图21-1、图22-1、图31-4 陈凌. 丝绸之路的古城[M]. 西安: 三秦出版社, 2015.

图24-1 尼雅遗址 汉代"精绝国"故地[J]. 中国文化遗产, 2007(01):50–53.

图24-2、图24-6 新疆维吾尔自治区文物局. 新疆维吾尔自治区第三次全国文物普查成果集成. 和田地区卷[M]. 北京: 科学出版社, 2011.

图24-3 Stein, Marc Aurel. Ruins of Desert Cathay Personal Narrative of Explorations in Central Asia and Westernmost China [Data set]. NII "Digital Silk Road" / Toyo Bunko. https://doi.org/10.20676/00000213.

图24-4 Stein, Marc Aurel. Serindia detailed report of explorations in Central Asia and westernmost China [Data set]. NII "Digital Silk Road" / Toyo Bunko. https://doi.org/10.20676/00000183.

图24-5 徐红, 陈龙, 殷福兰. 西与美术全集: 服饰卷[M]. 天津: 天津人民美术出版社, 2016.

图25-2、图25-6、图25-7 (英)约翰·马歇尔, 秦立彦. 塔克西拉[M]. 昆明: 云南人民出版社, 2002年.

图26-5~图26-9 新疆维吾尔自治区文物局. 新疆维吾尔自治区第三次全国文物普查成果集成. 巴音郭楞蒙古自治州卷[M]. 北京: 科学出版社, 2011.

图30-1、图31-3 贺灵. 西域历史文化大词典[M]. 乌鲁木齐: 新疆人民出版社, 2012.

图31-1 林梅村. 龟兹王城古迹考[J]. 西域研究. 2015, (1):49.

图31-2 中国大百科全书数据库. 龟兹[DB/OL]. http://h.bkzx.cn/item/龟兹, 2020-07-29.

图33-8~图33-10 (英)奥雷尔·斯坦因. 西域考古记(卷一). 中国社会科学院考古研究所译[M]. 广西: 广西师范大学出版社, 1998.

图37-1 (美)芮乐伟·韩森, 张湛. 丝绸之路新史[M]. 北京: 北京联合出版公司, 2015.

图37-2、图37-4 Boris I. Marshak, "PANJIKANT," Encyclopædia Iranica, online edition, [DB/OL]. http://www.iranicaonline.org/articles/panjikant, 2002-07-20/2020-07-29.

图37-3 (俄)马尔夏克, 毛铭. 突厥人、粟特人与娜娜女神[M]. 桂林: 漓江出版社, 2016.

图42-1 贺灵.西域历史文化大词典[M].乌鲁木齐:新疆人民出版社,2012.
图43-1 刘未.丝绸之路中亚段古代城市之考察[A].中国人民大学北方民族考古研究所、中国人民大学历史学院考古文博系.北方民族考古(第4辑)[C].北京:科学出版社,2017:213-256.
图44-9 中国社会科学院考古研究所.北庭高昌回鹘佛寺遗址[M].沈阳:辽宁美术出版社.1991.
图50-1、图50-3~图50-6 通过CC by-SA4.0国际公共许可证授权使用
图50-2 由Georg Gerster提供,Science Source授权使用
图56-1 由李敏提供
图56-2、图56-5、图56-8 由徐新云提供
图56-3、图56-4、图56-6、图56-7 由傅熹年提供

图61-1~图61-7 宁夏文物考古研究所,固原市原州区文物管理所.开城安西王府遗址勘探报告[M].北京:科学出版社,2009.
图64-2、图66-1、图67-1、图67-2、图68-3、图69-1 引自《武备志》卷二百四十.
图67-3 Wikimedia Commons[DB/OL].https://commons.wikimedia.org/wiki/File:Calicut_1572.jpg,2020-07-29.
图68-2 Wikimedia Commons[DB/OL].https://commons.wikimedia.org/wiki/File:Tribute_Giraffe_with_Attendant.jpg,2020-07-29.
图69-2 沈鸣.郑和《布施锡兰山佛寺碑》碑文新考[J].东南文化,2015(2):89-95.